TIYU QUANLI WENTI YANJIU

体育权利问题研究

张志伟 著

中山大學出版社
SUN YAT-SEN UNIVERSITY PRESS
·广州·

图书在版编目（CIP）数据

体育权利问题研究/张志伟著．—广州：中山大学出版社，2014.6
ISBN 978-7-306-04889-9

Ⅰ．①体…　Ⅱ．①张…　Ⅲ．①体育—权利—研究　Ⅳ．①G80

中国版本图书馆 CIP 数据核字（2014）第 101664 号

出 版 人：徐　劲
策划编辑：嵇春霞
责任编辑：嵇春霞
封面设计：曾　斌
责任校对：翁慧怡
责任技编：黄少伟
出版发行：中山大学出版社
电　　话：编辑部 020-84111996，84113349，84111997，84110779
　　　　　发行部 020-84111998，84111981，84111160
地　　址：广州市新港西路 135 号
邮　　编：510275　　传　真：020-84036565
网　　址：http://www.zsup.com.cn　E-mail:zdcbs@mail.sysu.edu.cn
印 刷 者：虎彩印艺股份有限公司
规　　格：880mm×1230mm　1/32　8.375 印张　187 千字
版次印次：2014 年 6 月第 1 版　2014 年 6 月第 1 次印刷
定　　价：38.00 元

前　言

伴随着我国体育事业和体育法制建设的快速发展，萌生于20世纪80年代的体育法学研究在我国得到了较大发展。近年来，中国人的法治观念、权利意识显著增强，体育权利也日益成为学界和社会关注的热点问题。权利理论对任何一个部门法都至关重要，体育权利是体育法建构的起点，体育权利的研究属于体育法学的基础研究。在学界，以体育权利为主题的理论研究不断涌现，体育权利成为体育法学界一个时髦名词。

对于什么是体育权利，国外和国内立法中没有说明，至今也没有统一的定义，学界对此众说纷纭。广义的体育权利包括所有在体育中产生或与体育相联系的权利，是普通公民、特定公民（运动员等人）和体育组织依法享有的体育权利；狭义的体育权利是宪法上规定的一项独立的基本权利，指所有公民享有的宪法规定的体育权利。目前，国内学界研究的体育公共服务中的公民体育权利指的是狭义上的体育权利，也可以说是宪法上规定的体育权利。国外研究的体育权利主要指体育组织对赛事转播权的出售、体育组织的运营权等；还有运动员基于体育职业而享有的体育权利和权利限制，主要研究运动员的形象权、著作权、隐私权等，可以归为私法上的体育权利。

在众多体育法学者的努力下，近些年对体育权利的研究取得了不凡的成果，使对体育权利的研究迈入了较高的阶段。前人的研究是本书进一步探讨的基础。仍然需要指出的是，目前对体育权利的研究存在不足之处：第一，一些相关文献仅是法学研究范式的简单移植和概念的硬套，而没有揭示体育权利本身的特性，没有凸显体育法的特色；第二，法学研究的深度在体育权利有些问题的研究上显得不够。

在笔者看来，目前国内学界少有专门研究体育权利的学术专著。体育权利问题需要法学界和体育学界众多学者的共同努力，鉴于笔者的研究能力，本书的研究不可能涉及所有体育权利问题。本书研究的是具有代表性，且存在较大争议又能体现体育特色的热点体育权利问题，通过研究这些呈现体育特色的体育权利热点问题，可以让我们从具体的层面感受到体育法在法律体系中的独立性，体现体育法研究的独特学术价值。

本书通过案例分析与理论相结合的研究方法，力求对体育权利进行透彻的分析，得出较为明晰的观点；重视体育法制的本土资源，立足本国实际，解决体育权利的争议问题；运用演绎推理的方法，得出公民体育权利得以实现的一般规律；通过法学解释与实证统计相结合的方法，使论证更为可靠。

本书分为三个部分。第一部分探讨狭义的体育权利即公民体育权利的证成与实现。体育权利的法理证成尚显不足。本研究的现实意义体现为：在理论上充分证成体育权利，对我们如何实现体育权利能带来理论上的正确指导，也会凸显研究体育权利的独特学术价值；学界对体育权利实现中的不平等，批判者居多，本研究可使我们理性地看待体育权利平等化实现的问题。通过研究体育权利实现的一般规律，可以使国家在推进公民体育权利实现的立法与政策层面更能立足于现实国情，在遵循规律的前提下推进公民体育权利的平等化实现；本研究提出的实现公民体育权利的制度对策可以作为国家立法的参考建议。第二部分探讨体育赛事转播权的法律性质和法律保护问题。体育赛事转播权是一项独立的财产权，彰显了体育的特性，国内外对该权利法律性质的研究一直是个热点问题。如果说对体育赛事转播权法律性质的研究理论意义多于现实意义的话，那么，伴随着信息技术的快速发展、网络传播的普及以及越来越多的国际重大赛事“花落中国”，体育赛事转播权法律保护的问题将日益凸显出来。本部分的研究，不但要在法理上定位该权利的性质，而且还要提供适当周延保护该权利的法律路径，提出适应信息技术发展、从制度上解决体育赛事网络盗播行为的立法建议。第三部分探讨运动员等特定公民的体育权利。主要是深化研究运动员等人的著作权、形象权和人格权问题。随着我国为适应市场竞技而进行的体育体制改革的深入及权利意识和法律意识的增强，作为竞技体育主体的运动员等越来越重视自己的个人权利。对运动员的正当权益进行适合我国国情、切实有效的法律保护，能促进竞技体育的良性发展和社会进步。本部分内容就是立足于我国国情和体育的特点，为保护运动员的正当权益提供法理基础和立法建议。

体育法学在我国仍处于一个初级阶段，鉴于笔者能力有限，只能尝试在前人研究的基础上努力向前推进，不足之处在所难免，敬请各位读者批评指正。

目　录

第一部分　公民体育权利

第二部分　体育赛事转播权

第三部分　运动员的相关权利

附件

第一部分　公民体育权利

体育权利宪法属性的法理证成

近年来，对体育权利的研究，已经成为体育法学界研究的主题，相关研究不断涌现。但《中华人民共和国宪法》（简称《宪法》）在公民的基本权利和义务一章中没有列举体育权利，1995 年颁布的现行《中华人民共和国体育法》（简称《体育法》）也未明确提出体育权利的概念。在法理上证成体育权利，准确把握体育权利的法律性质，为公民体育权利的实现提供高层次的法律依据，已经成为一项紧迫的理论研究任务。权利理论对任何一个部门法都至关重要。就体育法学科的建设而言，体育法的基础理论研究便是对公民体育权利的研究，它是建构体育法部门的起点。目前，体育法学界对体育权利的理论研究主要集中在体育权利如何证成与如何实现两个方面。关于体育权利的研究思路一般可以归结为，将体育权利证成为一项基本权利，树立体育权利本位观念，希望将体育权利在法律中具体化，尤其是在《体育法》中确立下来。① 但目前在证成体育育权利的理论研究方面，存在研究方法上的不足。

有人认为，1978 年的《体育运动国际宪章》宣布“参加

① 参见田思源《〈体育法〉修改的核心是保障公民体育权利的实现》，载《天津体育学院学报》2011 年第 2 期。

体育运动是所有人的一项基本权利”，说明体育权利已经成为一项国际上普遍认可的基本人权。据此可以认为，体育权利是一项宪法上的基本权利，它是最强有力的法理依据。[①] 但是，人权并不必然是一项法定权利，并不能直接推导出体育权利的法律属性，因为人权先于国家和法律而存在，人权是法定权利的道德根据和理性说明，从应然层面证成体育权利的法律属性存在着方法论上的缺陷。

从法学方法论的角度讲，要想将一项应然层面的权利证成为法律层面上的权利，就要弄清楚该权利的法律属性。研究一项权利的法律属性，首先应该从基本权利（宪法）与民事权利（民法）两个角度来进行分析定位。例如，财产权是一项基本人权，但在法律层面上，有宪法上的财产权和民法上的财产权，二者同名但不同质。宪法上的财产权是基本权利，基本权利的义务人指向国家；民法上的财产权是民事权利，民事权利的义务人指向私人。

笔者认为，从民事权利的角度难以证成体育权利的独立性。公民在体育活动中的自由是丰富和发展自身人格的自由，属于民法上人格权的范畴，作为一种未立法的、受保护的民事利益在受到侵害时，可根据民法上的人格权给予保护。并且，人格权体系在民事立法上已经比较科学完整，利于法律的遵守和适用，体育权利在民法上不具有独立的可行性和必要性。

不少研究都努力将体育权利证成为我国《宪法》上的一项基本权利，但体育权利并不属于我国《宪法》中明示的基

① 参见葛卫忠《我国体育权利的分类》，载《体育学刊》2007 年第 6 期。

本权利。如何推出它是公民的一项基本权利，它是什么性质的宪法权利，在公民基本权利谱系中是否具有独立性，就必须进行法理上的有力回应。这几个方面可以归结为一个问题：体育权利的宪法属性是什么。目前，对体育权利宪法属性的论证还不够充分和深入，这个问题如果不能给予清晰的论证，就容易导致体育权利的泛化，把本不属于体育权利的内容，而明显属于别的权利的内容，贴上体育权利的标签，放在体育权利的“篮子”里。体育权利的宪法属性与该权利如何实现有着紧密的联系，不同性质的宪法权利有不同的实现路径，如果不能在理论上准确把握体育权利的宪法属性，也就很难谈得上研究体育权利实现的独特学术价值，如将体育权利归属于宪法权利谱系中的受教育权和科研文化权利。[1] 根据这个判断，本文研究的是公民的受教育权和科研文化权如何实现的问题。所以，体育权利宪法属性的理论证实对于体育权利如何实现具有指导意义。

一、体育权利的宪法属性

（一）体育权利作为基本权利的证成

我国《宪法》并没有明确列举体育权利为公民的基本权利，那么根据什么法理说明体育权利是我国《宪法》上的一项公民基本权利呢？

不少人认为，体育权利并没有得到我国《宪法》的明文

---

① 参见于善旭《再论公民的体育权利》，载《体育文史》1998 年第 1 期。

规定，不能成为我国《宪法》中公民的基本权利。这是因为，与体育权利联系最紧密的是现行《宪法》第二十一条第二款，“国家发展体育事业，开展群众性的体育活动，增强人民体质”，该款规定并不能成为体育权利的宪法依据。首先，该款出现在现行《宪法》第一章总纲中，而不是规定在第二章公民的基本权利和义务中，总纲是对国家基本制度的宪法安排，公民的体育权利应该在第二章中规定；其次，该款的行文也与体育权利的创设没有直接联系，从该款的表述来看，其主要立法目的在于对体育事业的宪法安排，而不是创设权利。① 还有人认为，总纲中的某项原则规定与“基本权利”的宪法地位相去甚远。②

其实，公民的宪法基本权利仅限于《宪法》的明文规定，这种观点早已遭到现代宪法理论的否定。根据现代宪法理论，公民的基本权利是没有办法完全列举的。美国学者兰迪·巴赖特指出，当时美国联邦党人认为，增加权利法案反而是危险的，因为人民的权利和自由是没有办法列举的，如果增加列举性的权利法案内容，任何被遗漏而未列举的权利就会处于不安全的境地，未列举基本权利，作为人权的重要组成部分，当然必须与列举的基本权利同样受到保护。③ 从美国的宪政实践经验来看，美国联邦宪法在制定之初，并没有将权利法案的内容纳入宪法之中。在法学理论上，权利可以分为规定的权利和推

---

① 参见葛卫忠《我国体育权利的分类》，载《体育学刊》2007 年第 6 期。

② 参见张振龙、于善旭、郭锐《体育权利的基本问题》，载《体育学刊》2008 年第 2 期。

③ 参见王书成《合宪性推定的正当性》，载《法学研究》2010 年第 2 期。

定的权利两类。[1] 前者是指对人权的列举性规定，每列出一种，即等于规定一种。总纲性条款是推定公民权利和推定政府责任的根据，缺乏总纲性规定，权利列举就是僵硬的和不完整的，公民只能在列举的权利领域中获取权利。如果公民基本权利保障局限于事先列举的范围内，而不管现实生活多么丰富多彩，这显然是一种缺憾和不足。《宪法》总纲中的条款是国家对社会发展确立的基本方向、原则，也是一种权利立法的技术。总纲性条款是推定未列举的公民基本权利存在的基础。

有学者将我国现行《宪法》第二十一条和第四十六条视为体育权利的宪法依据，并根据这两条宪法规定，运用义务推理权利方法，推定体育权利是公民的一项基本权利。

依照权利推定理论，客观上存在的利益事实转化为法律上的权利，并不一定通过权利的明确列举来确定，可以通过设立相应义务来默示立法所要保障的权利存在。但是需要注意的是，经有义务推定权利仅从有关义务条款进行直接推论是不够的。例如，仅根据《宪法》第五十六条："中华人民共和国公民有依照法律纳税的义务"，推导不出国家权力（征税权力）的确定存在，这样会违反权力法定、依法行政的法治原则。由义务推定权利需要坚实的宪法法理支持，需要结合宪法立法精神给予考虑。目前，运用义务推定权利的方法论证体育权利是一项基本权利缺乏宪法理论的支撑。

根据现代宪法学理论及当代民主法治国家的实践，国家义务与公民权利的关系已经成为主导国家与公民关系的主轴，国

---

① 参见徐显明《人权的体系与分类》，载《中国社会科学》2000 年第 6 期。

家义务直接源自于公民权利，公民权利是国家义务存在的唯一根据。[①] 公民权利的需要产生了国家义务，没有公民权利就不会产生国家义务。但二者在这一权利义务法律关系中的地位并不同等，公民权利处于根本性或决定性地位，现代社会国家义务存在的唯一根据是公民权利，其目的和作用是对公民权利进行确认和保障。根据这样的理论来审视我国《宪法》第二十一条，它规定了国家有增强人民体质的义务和责任，而增强人民体质的国家义务来源是什么呢？根据国家义务来源于公民权利的原理，它来源于公民的体育权利，并且这是唯一的来源。没有公民的体育权利，国家就不可能有增强人民体质的义务和责任，国家增强人民体质的义务和责任的唯一目的是实现公民的体育权利。根据国家义务与公民权利的关系，可以依据《宪法》第二十一条有力地推导出公民体育权利的存在，它属于《宪法》上未明确列举的公民权利。

（二）体育权利是什么性质的基本权利

按照现代宪法学对基本权利的通常分类，基本权利可分为三类。①参政权，即被选举权、选举权、罢免权等古典政治权利，此类权利是为了保障人民对国家权力运作的参与和监督。②自由权，又称防御权，此类权利的效力在于要求国家消极不作为，目的是保留公民自由活动的空间和防止国家对公民自由的侵犯，主要指集会、结社、言论、出版、宗教自由及财产权等。③受益权，又称给付请求权，公民除要求国家承担消极不

---

① 参见龚向和《国家义务是公民权利的根本保障》，载《法律科学》2010年第4期。

侵犯的义务之外，更要求国家对私人承担积极作为的义务，保障公民权利的实现；受益权主要指公民的经济、社会、文化权利，如获得劳动权、受教育权、社会保障权、生存权、弱者受特殊保护等。[①]

受益权与自由权分别对应不同意义上的国家与公民之间的关系，针对国家提出了截然不同的刚性要求。为了保障自由权，人们需要消极克制的有限政府，避免公民权利来自公共机构方向上的侵犯；为了保障受益权，人们需要积极作为的服务型政府，能为公民权利的实现提供必要的条件。受益权所针对的乃是国家的积极义务，国家要以积极的作为为公民基本权利的实现提供一定的给付，给付的内容主要是对公民在物质上、经济上的资助，在这种意义上，受益权对应的国家义务是积极给付义务。[②] 受益权主要指宪法上的经济、社会、文化权利。经济、社会、文化等受益权形成于20世纪初期，旨在要求国家积极干预社会经济生活，属于发展社会福利事业的第二类人权。

笔者认为，体育权利在宪法基本权利的性质上应该属于受益权，属于一种经济、社会、文化权利，它要求国家承担积极作为的义务，帮助公民实现该权利，主要对应的是国家给付体育公共服务产品的义务。所谓给付体育公共服务产品的义务，是指国家以积极作为的方式为公民提供某种体育利益的义务，给付的内容可以是物质性的利益，也可以是服务行为。受益权

---

① 参见谢瑞智《宪法新论》，台湾正中书局2000年版，第160页。

② 参见李建良《基本权利理论体系之构成及其思考层次》，见《宪法理论与实践》（一），台北学林文化实业有限公司1999年版，第63～67页。

的给付义务与自由权所对应的消极义务是完全不同的义务形式。消极义务是要求国家不去干预人民体育活动的自由，让每个人都通过不受限制的自我奋斗去谋求高质量的体育生活，但是，人们自己的努力未必使他们都能获得体育生活的满足，经济发展不平衡规律必然带来一部分地区和行业部门先富起来，使一部分人先拥有行使权利的物质基础。每个人主观条件的差异，也决定了贫富不均，财产的多少决定实现体育生活的质量，部分人并没有能力保障自己的体育利益。富者由于具有雄厚的经济实力，体育利益的实现自然是不成问题；而穷人由于经济条件的限制，靠自己实现体育利益是比较困难的。在这种情况下，国家提供物质上的给付就显得比要求国家不干预更为重要。国家履行给付义务很大程度上就是为了保障所有个人都能获得满足人们体育锻炼的最低条件，使人们在任何情况下都能维持起码的体育利益，在满足人们体育物质文化需要最低限度的基础上逐步推进公民体育权利更高程度地实现。体育权利的国家给付义务就是要求国家提供社会扶助、提供体育公共服务产品以维持人们基本的体育生活。公民的经济、社会、文化权利的核心价值是平等，体育权利属于经济、社会、文化权利，其目的在于最大限度地减少享有体育利益方面的两极分化，实现人与人之间体育利益上的结果公平，让国家采取措施帮助处于社会底层的人们实现自由而全面的发展。

国家对公民体育权利的实现，负有最低限度的满足义务和逐步推进的促进义务。在市场经济条件下，体育公共服务产品的主要供给方式是政府的直接提供、市场运作与政府相结合的提供、社会服务部门的提供。政府不是体育公共服务产品的唯一供给者，但需要注意的是，体育公共服务若完全实现市场化，实际上剥夺了大部分中低收入阶层享受体育公共服务的权利，政府躲避了自己应该承担的供给基本体育公共资源的责任和义务。根据公民的体育权利，政府是满足公民最低限度体育公共服务产品的唯一供给者，提供具有公共属性的体育服务基础设施，是政府必须承担的投资与建设责任。[①] 从法理上讲，国家向公民提供最低限度的体育公共服务产品，是公民体育权利作为宪法权利对国家的刚性要求。政府向公民提供的体育公共产品属于纯公共产品，具有非竞争性和非排他性的二元特征[②]；而市场提供的公共产品，虽有公共之名，但不能算是纯公共产品，其实质还是私人产品，就不会同时具备非竞争性和非排他性的二元特征。发达国家在体育公共服务供给中，基础性体育设施的覆盖率很高，几乎都是免费服务。[③] 当然，最低限度的标准和内容会随着人们对体育利益观念的认识和社会经济的发展而变化。

（三）体育权利在宪法权利谱系中的独立性

学界一般将我国《宪法》第二十一条、第四十六条、第四十七条一起作为公民享有体育权利的宪法依据。根据《宪法》第四十六条“中华人民共和国公民有受教育的权利和义

① 政府应不应当干预体育，政府应不应当发展体育，是近些年来有争议的问题。有学者主张体育社会化和市场化就应当让政府彻底退出体育领域，这种观点忽略了体育权利属于受益权的宪法性质。

② 参见曼昆《经济学原理》（上册），生活·读书·新知三联书店、北京大学出版社1999年版，第188页。

③ 参见刘玉《发达国家体育公共服务均等化政策及启示》，载《上海体育学院学报》2010年第3期。

务。国家培养青年、少年、儿童在品德、智力、体质等方面全面发展”，体育权利包括体育教育权，而体育教育权属于公民受教育权的范畴。[①] 根据《宪法》第四十七条“中华人民共和国公民有进行科学研究、文学艺术创作和其他文化活动的自由。国家对于从事教育、科学、技术、文学、艺术和其他文化事业的公民的有益于人民的创造性工作，给以鼓励和帮助”可以推出，公民享有相关的体育权利。[②] 应该说，从现行《宪法》的受教育权和科研文化权利中推定体育权利，有其相当的合理性。根据1995年的《体育法》，国家发展体育事业、增强人民体质的义务应该是在体育事业的基本结构，即学校体育、竞技体育和社会体育上展开和实施的。20世纪90年代，以著名学者于善旭教授为代表的体育法学者开始大声呼吁对公民体育权利的研究，成为今后体育法学理论研究的重点问题。在当时的时代背景下，受经济发展水平所限，社会体育（即民生体育）在我国尚未兴起，总体上还处于比较落后的水平，政府在民生体育方面的投入可以说是十分有限，国家发展体育事业的重心在学校体育和竞技体育。在这样的实践条件下，体育权利作为一个崭新的权利概念，其内涵所依据的现实基础主要是在学校教育中学生所享有的与体育活动相关的权利和运动员、教练员、体育科研工作者在竞技体育中基于自己的创造性劳动所享有的请求国家给予相应物质帮助的权利，体育权利的

---

① 参见张振龙、于善旭、郭锐《体育权利的基本问题》，载《体育学刊》2008年第2期。

② 参见于善旭《论公民的体育权利》，载《体育科学》1993年第6期，第23～26页。也有学者认为文化活动的权利和自由没有涵盖体育权利（参见殷啸虎《宪法学》，上海人民出版社2003年版，第337页）。

主体主要是受教育者、运动员、教练员、裁判员和体育科研工作者等，从学校体育和竞技体育的角度讲，在受教育权和科研文化权利中包含公民的体育权利。那么，公民的体育权利与受教育权、科研文化权利之间是否只存在包含关系而无自身的独立性呢？笔者认为，体育权利是宪法权利谱系中的一项基本权利，它与受教育权、科研文化权利，既存在一定的包含关系，又存在并列关系，有其自身的独立性。

进入21世纪之后，随着我国经济发展和人民生活水平的显著提高，人们日益认识到参加体育活动不仅可以增进身体健康，而且可以丰富生活、提高生活质量。在现代人权社会，国家负有促进公民权利和自由实现的义务。体育权利是我国公民的一项基本权利，向所有公民提供最低限度的体育公共服务是国家的义务。我国2009年颁布的《全民健身条例》第一条明确规定，保障公民在全民健身活动中的合法权益。近些年来，国家不断为全体公民享受体育健身权益提供物质保障，体育权利不仅是受教育者和体育工作者的权利，从民生体育的角度讲也是普通公民的一项受益权，其所具有的独立性越来越明显。因此，可以从民生体育的角度考察体育权利与受教育权、科研文化权利的区别，以此获得相应的认识。

受教育权是一项基本人权，是宪法赋予的一项基本权利，是公民所享有的并由国家保障实现的接受教育的权利。受教育权在内容上包括两个方面：公民享有从国家接受文化教育的机会和获得受教育的物质帮助的权利。体育权利和受教育权都是每个公民享有的经济、社会和文化权利，二者都属于宪法基本权利中的受益权，但二者在权利内涵上还有一定的区别。

（1）按照我国《宪法》规定，二者都是公民的基本权利，从权利能力的角度讲，每个中国公民都有平等资格享有受教育权与体育权利，但从行为能力的角度讲，能够享有受教育权的公民限于在校主体，享有体育权利的公民则更加广泛。除了九年义务教育，国家可以采取必要的考试制度，使具备一定能力的公民接受较高层次的教育，公民也可以不经过考试获得职业教育和成人教育。国家的公民可以分为在校主体与非在校主体，几乎每个公民在一生中都会接受国家提供的教育，但大部分公民不可能一生都处于国家提供的在校教育。就我国而言，接受各种形式教育的在校主体仅是我国公民的一部分，并非一切在校主体都要进行体育教育。根据现行的1996年的《中华人民共和国职业教育法》（简称《职业教育法》）第四条，国家并没有将体育纳入职业教育的内容，而是将职业教育的范围定位在思想道德和职业技能两个方面。教育实践中，非学历性成人教育的内容是职业技能教育，并没有体育教育的内容。另外，如果我们认为受教育权涵盖了体育权利，那么公民不接受教育的时候，是不是就无法享有我国《宪法》赋予公民的体育权利。事实上，能够享有体育权利的公民范围要广泛得多，不限于在校主体，包括一切能够从事体育活动的人，这些人都可以以自己的行为享有国家提供的体育公共服务产品。

（2）根据我国《宪法》，受教育权既是公民的一项权利，又是公民的一项义务。在义务教育阶段，适龄儿童、少年没有依照法律规定入学接受规定年限的义务教育，父母不让适龄儿童、少年接受义务教育，这些违反了公民的受教育权。国家一方面为公民享有受教育权提供各种机会，另一方面有权要求公民履行教育方面应尽的义务。而公民进行体育活动和锻炼的自由属于人格自由，国家免费向公民提供体育公共服务资源，每个公民获得享有这些体育资源机会的平等权利。对于此种机会，公民可以享有，也可以放弃。放弃分享国家提供的体育公共服务并不违反《宪法》的要求，它是公民的权利，国家不得干涉。

（3）《宪法》赋予公民受教育权和体育权利的目的不同。教育是向个人传授一定观念、技能和知识，必要时辅以德育课程和体育课程以促进学生德、智、体全面健康地发展，促进人实现社会化的一种活动，为学生将来成才和工作需要打下包括身体条件在内的基础。现行的2006年施行的《中华人民共和国义务教育法》第三十四条和现行的1998年施行的《中华人民共和国高等教育法》第四条都将体育作为教育教学活动的一部分，其目的是促进受教育者全面发展，成为对社会有用的人才。而《宪法》赋予公民体育权利的目的是为了公民通过享有体育权利，增强自身的体质，促使公民健康地生活并提高生活水平和质量。调查显示，全国城乡居民参加体育锻炼的主要目的是增加体力活动（34.8%）、消遣娱乐（26.8%）和防病治病（18.9%），其他依次是减压、放松、减肥、健美、提高运动技巧和社交等。[①] 体育从原始的生产性身体活动中演化出来，具有维持和促进身心健康的功能，提供一种有益的消遣，可以克服现代生活的不少弊病。现行的《体育法》将学校体育的目的定位在人才全面发展的培养，社会体育的目的却定位在增进公民的身心健康。国家向受教育者提供的体育教育

① 参见国家体育总局《2007年中国城乡居民参加体育锻炼现状调查公报》，见中国政府网站（http://www.gov.cn/test/2012-04/19/content_2117453.htm），2012年7月20日访问。

面向的是学校教育，全民健身面向的是民生体育，受教育权与体育权利在设置目的上存在差异。①

另外，体育权利与科研文化权利也存在着并列关系。科研文化权利作为一项公民的受益权，它要求国家给予帮助，国家对科研文化权利的给付义务主要是提供科研经费和科研条件，并不包括国家向全体公民提供最低限度的体育公共服务资源的义务。每个中国公民都平等地享有科研文化权利的资格，但仅有做出了创造性工作的公民才有机会要求国家给予帮助，这里包括做出创造性工作的体育科研工作者，但没有做出创造性工作的公民却不能要求国家给予帮助。每个公民都享有体育权利的资格，并且在享有体育权利时，并不需要做出什么创造性的工作才能要求国家提供体育公共服务，只要具有从事体育活动的行为能力都可以要求国家提供体育公共服务。

有的学者根据《宪法》第四十五条“中华人民共和国公民在年老、疾病或者丧失劳动能力的情况下，有从国家和社会获得物质帮助的权利”，认为国家应举办社会保险、社会救济和群众卫生事业，逐步扩大这些设施，以保证劳动者享受这种权利，并在公民的医疗帮助权下论证体育权利。② 国家向全体

---

① 我国《宪法》将体育定位为既与教育相交叉，又独立于教育的专门社会文化活动。有些国家宪法的体育条款，都体现了体育的独立性，宪法对体育权利都有明确独立的规定。例如，《西班牙宪法》第四十三条第三款规定：公共当局应培养健康教育、身体教育和体育，同时，他们应提供足够的休闲设施。《葡萄牙宪法》第七十九条第一款规定，人人享有体育权利；第二款规定，国家有义务联合学校、体育协会和团体，促进、刺激、指导和支持开展和传播体育，也有义务阻止体育暴力。

② 参见秦奥蕾《基本权利体系研究》，山东人民出版社2009年版，第95页。

公民推行的医疗保险制度，是为了帮助和救济公民恢复健康，而国家向公民提供的最低限度的公共服务是为了促进公民的身体健康，实现公民的体育自由，提高公民的生活水平和质量。二者在价值目标上有着根本区别。所以，公民的体育权利与公民的医疗帮助权是两种不同的宪法权利。

二、公民体育权利的主要内容

关于体育权利的内容，存在着不同的观点。冯玉军等认为，体育权利包含公民的健康权利，社会经济权利，社会文化权利。① 刘举科认为，公民的体育权利分为平等权、政治权利、宗教信仰自由权利、人身权利、社会经济权利、文化教育权利、监督权和请求权，以及特定主体的权利保护等八个方面。汤卫东认为，一般公民享有参加体育活动的人身自由、生命安全、身心健康，休息娱乐和选择参加体育活动、获得国家体育福利和支持、获得体育荣誉、表达体育意愿、体育地位平等、自由参加体育组织等多项体育权利；而运动员、教练员和裁判员等从事体育劳动的特定公民享有与其岗位相应的 13 项体育权利。② 凡红等认为，体育权利的基本内容即是与体育有关的各种形式的权利，包括接受体育教育、享受公共体育设施及场地、自由进行体育活动、成立体育社团、享受公平竞赛的

---

① 参见冯玉军、季长龙《论体育权利保护与中国体育法的完善》，载《西北师大学报》（社会科学版）2005 年第 3 期。

② 参见汤卫东《体育法学》（第 2 版），南京师范大学出版社 2007 年版，第 61 ～ 65 页。

环境、优秀运动员在就业或者升学方面享受优待等等。[①] 有人认为体育权利的存在方式主要包括：自主处分身体的权利、参赛权和竞赛权、合理的场地使用权、紧急救助权、规则保护权和体育自治权等。[②]

《体育运动国际宪章》最早明确规定体育权利的国际体育法文件。该宪章第一条规定，参加体育是所有人的一项基本权利。实际上，这种规定的时间还要提前。至少，在 1975 年，欧洲体育部长会议上发布了《欧洲全民体育宪章》第一条规定：“每个人应享有参加体育的权利（the right to participate in sport）。”[③] 1996 年 7 月，国际奥林匹克委员会（简称“奥委会”）也根据时势发展，在《奥林匹克宪章》基本原则中增加了一条规定，即“从事体育（the practice of sport）是一项人权。每个人都有能力根据自己的需要进行体育。”[④] 目前，国内体育法学界如于善旭[⑤]、张厚福[⑥]、李雁军[⑦]、黄世席[⑧]、邓

① 参见凡红、吕洲翔《体育权利论》，四川科学技术出版社 2008 年版，第 7 页。

② 参见陈华荣《体育的宪法保障研究——对全球成文宪法体育条款的比较分析》（博士学位论文），苏州大学 2011 年，第 103 页。

③ 同②，第 108 页。

④ 转引自黄世席《国际体育中的人权问题研究》，载《天津体育学院学报》2003 年第 3 期。

⑤ 参见于善旭《论公民体育权利的时代内涵》，载《北京体育大学学报》1998 年第 4 期。

⑥ 参见张厚福《体育法理》，人民体育出版社 2001 年版，第 233～234 页。

⑦ 参见李雁军《体育与人权》，载《体育文化导刊》2001 年第 4 期。

⑧ 参见黄世席《国际体育中的人权问题研究》，载《天津体育学院学报》2003 年第 3 期。

小刚[①]和董小龙[②]等学者均认同体育权利是一项基本的人权。而关于人权的基本常识是，人权指人的基本权利，是任何一个人生来就应享有的自然性权利；人权并不需要以法律规定为基础或来源，人权却是公民权的基础和源泉。显然，如果作为宪法权利的体育权利的基础是体育人权，则意味着人人享有。宪法上的公民体育权利应该是每个公民都享有的基本权利，而非部分人群享有的权利，所以，运动员享有的体育权利不应该成为宪法意义上体育权利的内容。从公民体育权利是一项基本人权、其权利性质是一项受益权的认识出发，笔者认为公民体育权利主要内容体现在五个方面。

（一）从事体育活动的自由

体育本身是人的一种锻炼和放松身心的自由自觉的活动，它内含人的一种独特的属性的需要。体育作为人类特有的一种文化活动，必然也是人类实践自由和追求自由的手段。人们通过体育活动展示自我生命独特性，激扬生命活力，获得审美愉悦感的体验；同时，人们通过体育活动，尽情发挥自己的本质力量，不断地超越自我，这种超越不仅仅停留在生理层面，同时也反映在精神层面上。体育自由是公民体育权利的基础性内容，没有体育自由也就谈不上体育权利。

---

① 参见邓小刚、朱桂莲《一项国际性的人权——体育权的发展》，载《体育文化导刊》2004 年第 4 期。

② 参见董小龙《中国公民体育权利的法律保护》，载《宁夏党校学报》2009 年第 2 期。

（二）公共体育设施的合理使用权

公共体育设施的合理使用权主要与业余体育和大众体育相关，也不排除职业体育议题。我国《全民健身条例》第十二条第四款就规定："公共体育设施应当在全民健身日向公众免费开放，国家鼓励其他各类体育设施在全民健身日向公众免费开放。"从理论上说，宪法主要是约束公共机构，而对于私人利益并无直接涉足的充分依据。这也是为什么公共体育设施应当免费开放，而其他各类体育设施只是鼓励开放的原因。当然，一年仅一天免费开放是远远不能满足大众体育需求的。我国《公共文化体育设施条例》第十五条中有相关规定："新建、改建、扩建居民住宅区，应当按照国家有关规定规划和建设相应的文化体育设施。居民住宅区配套建设的文化体育设施，应当与居民住宅区的主体工程同时设计、同时施工、同时投入使用。任何单位或者个人不得擅自改变文化体育设施的建设项目和功能，不得缩小其建设规模和降低其用地指标。"虽然，这种规定将提供体育设施的责任转嫁给社会，但是，这种政策性的制度安排有利于体育设施的普及，只是在实践中并不能得到有效的实施。《公共文化体育设施条例》对公共体育设施的开发时间、开放条件、服务内容、保障和管理等均做出了规定。关于学校场地是否应向社会开放的问题，有不同的立法和理论趋向。一方主张，校园体育设施主要也是国家投资建设，应惠及全民，因此要向社会开放；而另一方主张，校园体育设施主要是为了教育目的而建设的，由于学校人员密集，校园体育设施的人均占有使用率很低，因此，社会应创造条件向学生开发体育设施。截然相反的观点，突出反映了我国体育设施的不足。

（三）重要体育赛事收看权

观看重要体育赛事的权利是意大利宪法中规定的不可剥夺的公民权利。当独占广播权可能影响和干扰电视市场时，意大利进行了国家立法，保护公共利益，最大限度地保证公众收看体育赛事节目的权利，制定了意大利公众必须在免费频道而不是在额外收费频道上收看的重要赛事名单。让普通公民收看重要体育赛事电视转播，属于国家向公民提供的体育公共服务的一种，通过这种体育服务，可以丰富民众生活，提高其生活质量，激发其从事体育活动的热情，从而推动该国体育事业的发展。改革开放以来，伴随着我国经济实力的增长，国家投入大量的资金，购买重大国际体育赛事的电视转播权，通过中央电视台向我国公民免费播放。这对提高人们的文化生活水平起到了明显的促进作用，重要体育赛事的收看权应该成为公民体育权利的重要内容。

（四）保障弱势群体参与体育活动的自由

平等是人权的基础，基于该概念可以得出所有的人都享有国际人权宪章所规定的权利。儿童进行体育运动是与生俱来的需要，并且事实上他们多是自发地进行体育运动。体育运动对于增加神经肌肉之间的协调和身体的力量以及教授社会中的组织行为规范具有至关重要的作用。前述国际人权法中的平等原则也应当包括性别平等，但是从理论上讲，妇女一开始就被排除在人权之外，是因为她们被排除在哲学上人的概念之外；而且因为文化传统、宗教教导以及风俗习惯等原因，她们还不能享有和男性同等的权利。应该尊重弱势群体的体育权利，创造尊重弱势群体的体育环境。

（五）在竞技体育中获得安全的权利

体育法的理念就是人民的健康，保证运动员和锻炼者以及竞赛观众的安全是体育法的基本任务之一。如果不能预防体育危害和体育暴力的发生，必将对体育法的精神造成致命损害。体育法应当对兴奋剂、体育场所隐患和体育暴力坚决反对和进行有效预防，否则就不能保证体育事业的健康发展。《法国大众与竞技体育活动的组织和促进法》与《波兰体育法》，对体育设施和体育活动的安全均做了详细的规定，如场馆建设标准、体育器材制作标准、环境卫生标准、体育保险以及体育活动中的各种安全法规，都很详细、具体。我国体育法在这方面的差距还比较大。我国 2004 年 3 月 1 日颁布的《反兴奋剂条例》生效，应该说是反运动员兴奋剂立法的重大进步。但在其他一些领域，诸如体育设施安全、体育器材与服装的安检细则、禁赛细则等方面仍有待完善。

三、从两个案例看体育权利的宪法属性

为了更加清晰地论证体育权利的宪法属性，从而证成体育权利是宪法上的一项独立权利，而非民法上的一项独立权利，本研究假设两个案例。①公民甲想去本地国家提供的免费体育场馆进行体育锻炼，公民乙欲霸占整个体育场馆而阻止甲进行体育锻炼，这时乙是否侵犯了甲的体育权利，如何给予保护？②公民甲想去本地国家提供的免费体育场馆进行体育锻炼，而

代表当地体育局管理体育场馆的工作人员乙为谋私利，让自己的亲属丙免费进场，而向甲则索取进场费，甲不给，乙则不让甲进入体育场馆进行体育锻炼，乙是否侵犯了甲的体育权利？

在案例一中，甲在宪法上的体育权利是否受到了侵害呢？甲从国家那里免费获得利用体育场馆进行体育锻炼的机会，他获得此机会后，有不受干涉享受体育锻炼的自由，乙显然侵犯了甲在体育活动中享有的自由。这种体育人格自由是一种可保护的人格利益，甲可以提起侵权之诉，根据民法上的人格权保护这种体育人格利益，但在该案例中，国家并没有侵犯甲在宪法当中的体育权利。

在案例二中，甲在宪法上的体育权利是否受到侵犯了呢？根据宪法上的体育权利，甲可以享有政府免费提供的体育公共资源，乙代表国家控制分配体育公共资源机会的权力，乙不让甲进入体育场馆进行体育锻炼是乙代表国家侵犯了甲在宪法上的体育权利，同时也侵犯了甲在宪法上的平等权。

通过这两个假设的案例可以看出，民法上的体育权利仅是一种可保护的人格利益，尚不能成为一种独立的民事权利，它的义务主体是所有的个人；而公民宪法上体育权利的唯一义务主体是国家，公民根据宪法上的体育权利，虽不能直接要求国家提供免费的体育公共资源，但在国家提供体育公共资源后拥有免费分享体育公共资源的权利。

结　　语

综上所述可以对体育权利的宪法属性做一个总结：体育权利是我国《宪法》上的一项基本权利，在我国宪法权利谱系中具有独立性，在基本权利的性质上属于受益权。伴随着人们权利意识的普遍提高，体育权利作为一项新权利已被众多人所知晓。但是，人们并不熟悉体育权利的内涵，对任何一项权利进行高度概括而又准确定义都是十分困难的，如果能够准确把握体育权利的法律性质则有利于合理把握体育权利的内涵。根据体育权利的宪法属性，本文可以尝试给体育权利下一个基本定义：公民根据《宪法》享有从国家那里接受体育公共服务的机会，并由国家保障向公民提供最低限度体育公共资源的权利。对体育权利法律属性的研究是一个比较复杂的理论问题，本文抛砖引玉，希望有更多人关注并投入到对体育权利基本理论的研究中。

论体育权利实现格局的差序化

近年来，随着人们权利意识的提高，学界也越来越关注体育权利的实现问题。体育法学界比较一致地认为公民享有体育权利，按照法学的一般的思维逻辑，即法律面前人人平等，同一个国家的公民应该享有同样的基本权利，体育权利作为一项公民的基本权利应该平等地给予实现。体育经济学界也在致力于体育公共服务产品均等化的研究，与体育法学界的研究性质类似，此类文献较多，这里不再列举。而现实中，比较突出的问题是体育权利实现的不平等，主要体现在公民享有政府提供的体育公共服务的不平等，具体表现为不同阶层公民的不平等、城乡公民的不平等和不同区域公民的不平等。笔者把它称为体育权利实现的差序格局。学界对体育权利实现中的不平等，批判者居多。但笔者认为，当前对体育权利如何实现这一问题的认识不够理性，本文的分析，可使我们理性和现实地看待体育权利实现格局的差序化。

一、实现体育权利的根本条件

根据我国《宪法》第三十三条“中华人民共和国公民在法律面前一律平等”，在国家没有平等地向公民提供基本的体育公共服务时，公民是否可以根据自己享有的体育权利和《宪法》第三十三条，请求国家提供一定数量的体育公共服务呢？有人认为，体育权利作为一项基本权利，具有神圣不可侵犯性，公民可以向国家提出相应的诉求。①

当国家不履行提供最低限度的体育公共服务义务时，公民是否可以直接依据《宪法》寻求司法救济？这个问题关乎公民体育权利能否通过司法救济给予平等化的实现。体育权利属于宪法上的受益权，是一种经济、社会、文化权利，对于公民的经济、社会、文化权利是否具有可诉性，在理论上一直存在相当大的争议。各国处理的方法也不一样，我国司法机关并不支持公民依据相应的宪法权利寻求相应的司法救济。第一，由于《宪法》中关于公民受益权的规定过于抽象，对于国家给付的种类、范围、条件等都没有具体的规定，受益权不像自由权那样可以直接由法院适用，因而个人不能直接依据基本权利的规定请求国家提供一定的给付，只有在立法机关通过立法明确了国家给付的具体内容后，个人依据法律之规定才可以请求国家积极的给予，如果国家不积极给予，个人则可以寻求相应的司法保护和救济。第二，违反分权原则。这是因为，受益权的落实需要国家财政的支持，国家必须对各种社会资源进行重新分配，这种涉及国家整体利益调整和财政安排的事务，应属立法机关的权限和职责。如果认为公民可以直接向法院请求对社会权进行救济，无疑是让法院去从事应由立法机关从事的决策，这是违反分权原则的。只有在立法机关制

① 参见罗攀《论体育权利与体育公共服务均等化》，载《西安体育学院学报》2011年第28卷第4期。

定法律将《宪法》上的受益权具体化为法律权利后，公民才可以依法向政府请求给予保障；而政府不予保障时，公民才可以向法院请求救济。总而言之，宪法上的受益权不具备司法性。但是，需要指出的是，公民虽然不能根据宪法上规定的体育权利，直接要求国家提供基本的体育公共服务，但在无法平等使用现有的本地政府提供的体育公共设施或资源时，则可以根据体育权利向国家提出平等分享体育公共服务产品的要求。

不同性质的基本权利具有不同的实现方式，国家对公民政治权利、自由权利的义务重心在于保护而非实现，而对经济、社会、文化等受益权的义务重心在于实现而非保护。因为政治权利、自由权利的实现以国家的不作为为公民实现个人权利的前提，而经济、社会、文化等受益权的实现以国家的积极作为为前提，离开国家的给付和帮助，则公民个人无法实现受益权。经济、社会和文化等受益权的实现有更强的条件要求和依赖性。受益权的实现，主要取决于两方面的因素，一是国家的政治理念是否愿意承担此项责任，二是国家的经济资源是否能够承担此项责任。我国1995年开始实施《全民健身计划纲要》，1999年颁布实施《全民健身条例》，说明国家已经在实践层面愿意尽力实现公民的体育权利，并且已经有计划地开始推进全民健身活动，努力保障公民体育权利的实现。所以，在国家愿意承担该项责任的情况下，公民体育权利的实现根本上取决于国家经济条件，国家经济条件主要包括国家的经济实力与经济体制。体育权利的性质决定了其实现的特点。笔者认为，体育权利作为一种宪法上的受益权，它不可能平等化地实现，而只能是差序化地实现。这种不平等性体现于体育权利实现中的个体差异、地区差异和群体差异，笔者称之为体育权利实现的差序格局。所谓体育权利实现的差序格局，是指体育权利实现中的一种状态，指所有公民的体育权利不可能平等地实现，而只能有顺序、有差别地逐渐实现。

二、体育权利实现的差序化格局

平等实现公民的体育权利，依赖国家对体育公共服务的大量财政投入。不少人一直批判我国体育公共服务投入不足，并且主要用于竞技体育。[①] 其实这种学术观点没有注意到我国的实际。公民体育权利的实现，依赖国家的积极给予，也就是国家要提供基本的体育公共服务，但目前用于公共服务、改善民生的国家财政本身就不宽裕，公共财政就被优先用于医疗、教育、就业、社会保障等民生领域。这些领域的民生改善对于稳定社会、增强政府自身的合法性、促进经济和社会发展的意义重大，而实现公民体育权利、改善体育民生的紧迫性不如上述领域，还不足以摆到优先发展的位置。另一方面，在有限的体育经费投入中，将大部分体育经费用于竞技体育领域，这样更造成我国体育公共服务投入非常不足，国家之所以这样安排，这是因为金牌虽然不能代表我们全民族的体育水平，但是可以增强全民族的凝聚力和振奋民族精神，为现代化建设提供精神动力支持。目前，国家和社会尚缺乏淡化金牌的心理承受能

① 参见李丽、张林《体育公共服务：体育事业发展对公共财政保障的要求》，载《体育科学》2010 年第 30 卷第 6 期。

力。所以，在今后一段时间里，体育公共服务在竞技体育方面仍要保障足够的投入，甚至是牺牲一定的民生体育。现阶段，就我们国家的经济实力，国家还不可能有过多的资金投入到体育公共服务和民生体育上来实现公民的体育权利，那么在国家财力有限的情况下，就不可能平等化地实现公民权利，而只能差序化地实现公民的体育权利。

（一）优先城镇人群实现体育权利

近年来，不少文章批判体育公共服务的城乡二元供给模式，认为这种供给模式违反了公民体育权利的平等原则，同一个国家的所有公民都应该享有同样的体育权利，各级政府不能因为公民的身份、地位、职业等原因提供不均等的体育公共服务。[①] 根据《第五次全国体育场地普查数据公报》，在我国现有体育场地（不含新疆生产建设兵团、解放军系统、武警系统和铁路系统）中，分布在校园的有549654个，占全国体育场地总数的67.7%；分布在机关企事业单位楼院内的有75033个，占全国体育场地总数的9.2%。其他依次为：乡（镇）村66446个，占8.18%；居住小区39477个，占4.86%；厂矿28198个，占3.47%；其他22074个，占2.67%；老年活动场所13842个，占1.64%；宾馆饭店7195个，占0.89%；公园5712个，占0.7%；广场4987个，占0.61%。从第五次全国体育场地普查结果我们可以看出，在符合普查条件的各类体育

① 参见刘玉《体育权利与体育公共服务》，载《北京体育大学学报》2011年第34卷第12期。

场地 85 万个中 90% 以上都是在城镇，仅有 8.18% 分布在农村。①

为什么中国目前不能做到城乡居民完全平等地享有体育权利呢？这个问题需要理性看待。这是因为中国是一个发展中国家，尚未完成现代化，城乡差别依然存在，在工业化和现代化进程中，城市公民群体是推动先进生产力的力量，农民阶级相比前者则是一般生产力的体现者，后者最终要转变为前者，这是各国现代化的一般规律。在尚未实现工业化和现代化之前，要让所有人都获得并实现相同的权利，是不现实的。体育场地 80% 分布在企事业单位，也说明我国的身份社会并没有根本改变，社会成员的身份地位在很大程度上决定了他们能获得和支配体育资源的权利。这是因为城市中企事业单位的工作人员，他们是社会发展的中坚力量，是先进生产力的引领者，国家允许这些人优先享有包括体育权利在内的经济、社会、文化权利，这也是为了经济社会发展的需要。即使国家的综合国力明显提高了，有条件为每个公民经济、社会和文化权利的实现提供平等的体育公共服务保障，由于公民行为能力的个体差异性，也不可能人人完全平等地享有体育权利。解决城乡权利差异问题的最终途径是发展经济，消除城乡差别和行业差别。消灭城乡差别是社会统一的首要条件之一，这个条件又取决于许多物质前提，而且这个条件单靠主观意志是不能实现的。总之，体育权利实现中的差序格局，是受经济发展规律制约的，

---

① 参见第五次全国体育场地普查办公室《第五次全国体育场地普查数据公报》，见国家体育总局网站（http://www.sport.gov.cn/n16/n1167/n2768/n32454/134749.html），2012 年 8 月 6 日访问。

具有历史的必然性，任何国家都是没有办法超越的。

（二）只能是有差别地逐步实现不同区域居民的体育权利

由于经济发展水平不同的现实差异，各地体育公共服务不能实现平等，政府鉴于各地经济的差异性，不同地区实施的体育公共服务只能是差序性地推进方式。根据我国社会发展的实际情况，可以划分为发达地区、中等发达地区、欠发达地区和贫困地区等，在不同的区域制定与社会发展相适应的体育公共服务标准，发达地区政府提供的体育公共服务容易较早地实现国家规定的基本标准，根据国务院发布的《全民健身计划（2011—2015年）》，到2015年，体育健身设施有较大发展，全国各类体育场地达到120万个以上，人均体育场地面积达到1.5平方米以上。[①] 其实根据2005年上海市公布的第五次体育场地普查结果，截至2004年6月，上海市体育场地总数达14425个，人均体育场地面积1.71平方米（按2003年全市常住人口1711万人计）[②]，早已经超过了国家规定的到了2015年要达到人均体育场地面积达到1.5平方米的基本要求。不发达地区政府提供的体育公共服务会低于国家规定的基本标准。根据贵州省体育局2004年11月发布的贵州省第五次体育场地普查数据，2004年底贵州省人均体育场占地面积仅为0.57平

---

① 参见《全民健身计划（2011—2015年）》，见国家体育总局网站（http：//www.sport.gov.cn/n16/n1077/n1467/n1808585/1808663.html），2012年8月20日访问。

② 参见《上海市第五次体育场地普查结果》，载《文汇报》2005年6月7日。

方米；而根据国家体育总局发布的《第五次全国体育场地普查数据公报》，截止到2003年12月31日，以2003年底全国总人口129227万人（不含港澳台地区）计算，平均每万人拥有体育场地6.58个，人均体育场地面积为1.03平方米。[①] 可见，落后地区的人均体育场地面积远没有达到全国的平均水平。发达地区和落后地区不可能向公民均等化地提供体育公共服务，实践当中也就不可能平等化地实现公民体育权利，但随着国家经济实力的增强，会有更多资金投入到不发达地区，不发达地区政府提供的体育公共服务会逐步达到国家规定的基本标准，发达地区和落后地区会有顺序地逐步实现公民体育权利平等化的目标。

三、市场经济与体育权利实现的差序化

公民的体育权利是政府提供体育公共产品的主要依据，而我国政府提供的体育公共服务供给中存在明显的区域不均衡、阶层不均衡、城乡不均衡，造成了公民体育权利实现的不平等。大家比较一致地认为，我国体育公共服务的非均衡发展主要是由当前的财政体制造成的。为保障我国公民均等享有政府提供的体育公共服务，实现公民体育权利的平等化，学界提出的对策主要集中在两点：一是强化体育公共服务中的财政转移支付、利益补偿机制；二是加快财政体制改革，明确体育公共

① 参见贵州省体育局《贵州省第五次全国体育场地普查数据综合情况分析》，见贵州省体育局网站（http://www.gztyw.gov.cn/article.jsp?id=1721&itemId=26），2012年8月16日访问。

服务中的中央与地方的事权，科学界定各级政府的体育公共服务支出责任，使财力与事权相匹配。[①]

经济发展不平衡的规律本来就造成了各地的贫富不均。1993 年的分税制改革理顺了中央与地方的财政分配关系，改变了地方财政包干制度，为了增强中央的宏观调控能力，对各省财力层层上收，这就使区域间的经济发展差距进一步拉大，不同区域、城乡之间的财政实力差距加大。而在财权层层上收的同时，事权层层下放，这实际就造成了由地方财政能力直接决定了体育公共服务的供给水平，也就是公民体育权利实现的程度。财力比较宽裕的地方政府提供体育公共服务的能力得到提高，而财力比较紧张的地方政府提供体育公共服务的能力就愈发削弱。到了最基层的乡镇一级，财政经费更是捉襟见肘。2008 年全国新建体育场地 1106 个，广大农村新建的体育场地共有 658 个，其中 648 个体育场地建在农村学校，村庄只有 10 个。

应该说，认为公民体育权利在实然层面的不平等主要由当前的财政体制造成，这种观点是比较准确的，但问题在于对于这种财政体制导致公民体育权利不平等的认识还不够理性和现实。因为我们在大力主张体育权利平等化和体育公共服务均等化的同时，忽视了我国当前的基本经济体制——市场经济。我国 1992 开始建立社会主义市场经济体制，而 1993 年就开始了分税制改革，当前的财政体制就是实行社会主义市场经济的配套产物，而与这种市场经济体制和财政分配体制相适应，国家

---

① 参见罗攀《论体育权利与体育公共服务均等化》，载《西安体育学院学报》2011 年第 28 卷第 4 期。

对体育公共服务的投入主要依靠地方政府。1995 年，我国颁布的《中华人民共和国体育法》第四十一条明确规定："县级以上各级人民政府应当将体育事业经费、体育基本建设资金列入本级财政预算和基本建设投资计划，并随着国民经济的发展逐步增加对体育事业的投入。" 为推进全民健身事业持续发展，2009 年，国务院颁布的《全民健身条例》第二条规定："县级以上地方人民政府应当将全民健身事业纳入本级国民经济和社会发展规划，有计划地建设公共体育设施，加大对农村地区和城市社区等基层公共体育设施建设的投入，促进全民健身事业均衡协调发展"；该条例第二十六条规定："县级以上人民政府应当将全民健身工作所需经费列入本级财政预算，并随着国民经济的发展逐步增加对全民健身的投入"，本条中，国家并没有做出必须给予一定数量专项经费的硬性规定，而是用了"逐步增加对全民健身的投入"的软性规定，主要是考虑到了受财力所限，现阶段不是所有县级以上人民政府都能将全民健身工作所需经费纳入本级财政预算。[①] 2003 年发布的《中共中央、国务院关于进一步加强和改进新时期体育工作的意见》就明确提出："各级政府要增加对体育事业的投入。" 国家将实现公民体育权利、提供基本体育公共服务的责任始终定位在地方政府，就是因为我们国家实行的市场经济体制，在推进全民健身、实现公民体育权利的问题上，国家采取了比较理性的态度，尊重了我国经济体制和财政体制的实际。无论是

① 参见体育总局解读《全民健身计划（2011—2015 年）》，见国家体育总局网站（http：//www. sport. gov. cn/n16/n1077/n1467/n1808585/1808711. html），2012 年 8 月 16 日访问。

发达国家还是不发达国家，在市场经济条件下，都存在着地区发展的巨大差距，地方政府的财力都对公民体育权利的实现有着重要的影响，但发达国家之所以能通过完善的财政转移支付制度使不同的地区在发展地方体育公共服务上具有基本相当的财力，从而推动体育公共服务均衡发展，逐步实现各地公民体育权利的平等化，根本原因在于国家已经拥有了较强的经济实力。如今，西方大多数经济发达国家的体育经费及相关资金，总投入都在本国 GDP 的 1% 以上[①]，这就为实现落后地区公民体育权利提供了较为坚实的物质和经济基础。改革开放后，虽然我国经济发展较快，但是由于人口基数很大，需要公共财政的地方太多，国家根本没有太多的钱投入到体育事业。近年来的统计数据也表明，我国体育事业经费投入占 GDP 的比重一直徘徊在 0.1% 左右[②]，体育事业经费的投入非常有限，国家还不可能通过财政转移支付制度，推动体育公共财政的均等化，从而实现落后地区公民的体育权利。

体育权利实现中的差序格局，是和现代法制追求权利平等性、普遍性的价值目标相冲突的。这种冲突的根源在于现代法制和市场经济的既对立又统一的关系。体育权利实现的差序格局说到底是由市场经济决定的。市场经济要求的仅是形式（机会）平等，并不要求实质（结果）平等。它以拉开人与人的差距为自身存在的前提条件，没有差距就不会存在市场经

---

① 参见李丽、张林《体育公共服务：体育事业发展对公共财政保障的要求》，载《体育科学》2010 年第 30 卷第 6 期。

② 参见李丽、张林《体育事业公共财政支出研究》，载《体育科学》2010 年第 30 卷第 12 期。

济，我们不能只看到现代法制与市场经济相统一的一面，而看不到其对立的一面。现代法制追求的价值目标是平等，市场经济追求的价值目标是效率，平等应当在效率的基础上实现，我们不能为了将来才能实现的权利普遍性、平等性价值目标而牺牲现实的市场经济的特性。从总体上讲，我国地区发展差距的扩大是在有利于促进经济总量增大和总体经济效益提高的市场经济背景下发生的，这与传统的计划经济发展模式存在本质区别。在传统计划经济体制下，虽然形式上可以缩小甚至消除区域经济发展的不平衡，但却是以牺牲整个社会的发展为代价的。理想引导现实，但不能代替现实。法律以社会为基础，而不是社会以法律为基础。但中西近代法制史有一个显著不同：西方法律比较务实，注重权利的可实现性，现实中不能实现的权利一般不被写进法律，因此法律生效之日往往就是权利能被实现之时；中国法制尤其是宪法有宣言的特点，把知道的权利短时间内都写进了《宪法》，法律生效之日往往不等于公民权利的真正实现之时，基本权利的宣示意义往往超过其保障意义。从规定公民平等权的《宪法》第三十四条也可以看出，我国《宪法》虽然确定了基本权利的平等原则，但其平等权原则尚欠缺另一半内容，也就是对权利进行平等保护的原则，这样做主要是基于经济社会发展不平衡的现实，考虑到了不少宪法基本权利难以平等实现的事实。

结　　语

在经济发展不平衡的市场经济国家，公民体育权利不可能平等化地同时实现，国家只能采取因地制宜、差序推进实现的战略，追求历时性的平等。我国《体育法》在保障公民体育实现方面应体现这一规律。不少学者希望通过财政转移支付和财政体制改革同时实现公民体育权利的平等化是不可能的。在国家现有的财政能力和市场经济体制下，体育权利的实现格局不可能同时平等化，只能优先部分人群和部分地区实现体育权利。现阶段，我国不可能实现区域间公民体育权利的平等化，但政府可以采取制度对策，努力平等地实现城乡公民的体育权利，随着我国经济实力的不断提升再逐步平等地实现区域间公民的体育权利。我们渴望早日平等实现所有人的体育权利，但这取决于我国经济的发展和综合国力的提高，而不仅仅是我们的良好愿望。也许马克思的经典话语能给我们带来清醒的认识："只有毫无历史知识的人才不知道：君主们在任何时候都不得不服从经济条件，并且从来不能向经济条件发号施令。"①

① 马克思、恩格斯：《马克思恩格斯全集》（第4卷），人民出版社1972年版，第121～122页。

公民体育权利的效力

新中国成立以来，宪法的政治属性被过分强调，其法律属性被忽视甚至被否定。《宪法》被认为是一个阶级取得政权之后颁布的政治宣言书，是治国安邦的总章程，是国家的总政策、总纲领等。宪法在国家生活中的作用，其政治意义大于法律意义。[①] 而且由于没有建立真正有效的违宪审查制度或宪法诉讼制度，宪法仅有的一点法律性质又大打折扣。宪法是“软法”，或宪法不是法的观念仍在一些人的脑海中存在。例如，否定宪法规范具有强制效力的学者认为，宪法规范只是一般纲领性的和一般原则性的规定，只有通过一般法律才能实现；宪法都是比较原则的规定，不便于执行，因而不具有规范性[②]；宪法规范不具备一般法律规范的制裁要素，因而宪法规范不具有法律性质[③]。即使承认宪法规范的效力，那也只是“政治性法律效力”，“非政治的效力”[④] 是不存在的。反映到宪法适用上，我国宪法学界相应地也存在这样两种认识：“一

① 参见龚向和《社会权法律问题研究》，人民出版社 2007 年版，第 65 页。

② 参见张庆福《宪法基本理论》，社会科学文献出版社 1994 年版，第 117 页。

③ 参见骆伟建《宪法规范是法律规范》，载《法学》1985 年第 12 期。

④ 参见董和平《宪法规范若干问题研究》，载《当代法学》1998 年第 4 期。

种观点认为，宪法不存在适用问题，因为宪法规范具有原则性和概括性特点，没有直接的强制力，虽然有规范性但没有适用性；另一种观点认为，宪法有适用性，但由谁适用以及如何适用却无人探讨。”[①]

对照西方的宪法权利保障理论，我国宪法学界的主导理论，决定了我国学界对社会权的法律效力问题的答案主要是“方针条款”或“纲领说”。从新中国成立时的临时宪法《中国人民政治协商会议共同纲领》（简称《共同纲领》）和前三部《宪法》的规定，以及公民体育权利保障的实践来看，“方针条款”或“纲领说”十分明显。[②] 以下通过分析我国《宪法》体育条款的变迁，分析我国公民体育的法律效力。

一、作为人权的公民体育权利

新中国成立后，1949 年制定的第一部宪法性文件《共同纲领》中首次明确规定了体育内容。《共同纲领》第五章文化教育政策第四十八条规定：“提倡国民体育。”推广卫生医药事业，并注意保护母亲、婴儿和儿童的健康。在《共同纲领》里，体育作为文化教育政策的一部分，开宗明义规定“提倡国民体育”，并将体育与卫生、医药事业并列，与健康并论。这种立法思路，是我国对待体育的一贯立场。现行 1982 年《宪法》也是从体育与公共健康的角度，在总纲中予以专款规定。由于《共同纲领》出台之际，新中国国力凋敝、百废待

---

① 参见董和平《宪法规范若干问题研究》，载《当代法学》1998 年第 4 期。
② 参见龚向和《社会权法律问题研究》，人民出版社 2007 年版，第 65 页。

举，国家只能提出号召性的要求，并不能给予体育过多的政策、设施或经费支持。这是时代和社会基础的局限决定的，我们也不宜苛求。[1]

新中国颁布的第一部正式宪法——“1954 年宪法”，没有明确使用“体育”二字，却使用了“体力”一词对体育领域进行规定。该法第三章公民的基本权利和义务第九十四条规定：“中华人民共和国公民有受教育的权利。”国家设立并且逐步扩大各种学校和其他文化教育机关，以保证公民享受这种权利。国家特别关怀青年的体力和智力的发展。“1954 年宪法”的体育条款也将体育规定在教育内容中，与《共同纲领》所不同的是，不再局限于文化教育政策的宏观层面，而是从受教育权这一公民权利的角度规定体育内容。该条规定首要意义就在于，体育借此成为受教育权这一基本权利的重要组成部分。另外，也正是根据这一条，设立了中华人民共和国体育委员会作为中央人民政府管理体育事务的行政机关。我国专门管理体育事务的中央机构组成部门终于成立。新中国颁布的第二部宪法——“1975 年宪法”，对体育做了明确规定。该法第一章总纲第十二条规定：“无产阶级必须在上层建筑其中包括各个文化领域对资产阶级实行全面的专政。文化教育、文学艺术、体育卫生、科学研究都必须为无产阶级政治服务，为工农兵服务，与生产劳动相结合。”这条规定具有很强的意识形态上的口号性质，将体育作为无产阶级专政的工具，明确体育要为无产阶级政治服务、为工农兵服务，与生产劳动相结合。新

① 参见陈华荣《体育的宪法保障研究》（博士学位论文），苏州大学 2011 年，第 156 页。

中国颁布的第三部宪法——“1978 年宪法”，删除了对体育政治性的表述，把体育作为教育的一部分，确立体育活动的自由和国家鼓励、帮助体育发展的政策。该法第一章总纲第十三条规定：“国家大力发展教育事业，提高全国人民的文化科学水平。教育必须为无产阶级政治服务，同生产劳动相结合，使受教育者在德育、智育、体育几方面都得到发展，成为有社会主义觉悟的有文化的劳动者。”第三章公民的基本权利和义务第五十二条规定：“公民有进行科学研究、文学艺术创作和其他文化活动的自由。国家对于从事科学、教育、文学、艺术、新闻、出版、卫生、体育等文化事业的公民的创造性工作，给以鼓励和帮助。”

从公民体育权利保障的实践来看，从《共同纲领》到“1982 年宪法”诞生的 33 年间，立法机关没有切实履行宪法对它提出的建议和发出的指示，将立宪者保障公民体育权利的意愿、理想通过制定教育法来保证实现。而且对立法者这一不作为，没有任何机关或个人让它承担法律责任。享有宪法规定的公民体育权利的主体也无权向国家提出权利请求，法院更不会受理侵害公民体育权利的诉讼。很明显，这一时期的保障理论与《魏玛宪法》时代相似，所谓立法者有义务履行宪法所揭露的方针规定，只是一种纯粹的宣示性质，其法律拘束力在法律上的意义，毋宁是说应有比其他法律条文有更高的、形式上的法律效力罢了。但实际上，这种实际约束力微不足道。[①] 因为当时的宪法理论认为，宪法的目的仍然是供立法者使用，

---

① 参见陈新民《德国公法学基础理论》（上），山东人民出版社 2001 年版，第 144 ～ 145 页。

并不能积极地规范、指示立法者之作为。

“1982 年宪法”是在总结新中国成立 33 年来人权保障经验和教训的基础上制定的，对公民体育权利的保障程度有了飞跃性进展，主导理论遭受严重挑战。“1982 年宪法”在总纲和国家机构章节都写入了体育条款，规定了国家发展体育的责任，确立了中央政府、地方政府以及民族自治地方的自治机关管理体育事务的职责。“1982 年宪法”第一章总纲第二十一条第二款规定：“国家发展体育事业，开展群众性的体育活动，增强人民体质。”

但从整部宪法的相关规定来看，对于公民体育权利的保障远胜于前三部“宪法”。首先，“1982 年宪法”在总纲中确立了法制原则，规定了宪法本身的最高法律效力和地位，以及违宪审查制度。即在第五条规定：“国家维护社会主义法制的统一和尊严。一切法律、行政法规和地方性法规都不得同宪法相抵触。一切国家机关和武装力量、各政党和各社会团体、各企业事业组织都必须遵守宪法和法律。一切违反宪法和法律的行为，必须予以追究。任何组织和个人都不得有超越宪法和法律的特权。”这条全新的规定赋予宪法权利条款以最高的法律效力，使所有国家机关承担严格按照宪法规定保障宪法权利的法律义务。这是基本权利使国家机关承担保障人权义务的总括性或原则性规定，可起到与《德国基本法》第一条第三项、《日本宪法》第三条之相似功能。而此前的“1954 年宪法”和“1978 年宪法”只规定了国家机关工作人员和一般公民的守法义务，没有规定可以拘束国家机关。

其次，“1982 年宪法”第十九条详细规定了国家为履行保障公民体育权利的法律义务而采取的政策、措施。第三章国家机构第三节国务院第八十九条规定，“国务院行使下列职权：（七）领导和管理教育、科技、文化、卫生、体育和计划生育工作”；第五节地方各级人民代表大会和地方各级人民政府第一百零七条规定，“县级以上地方各级人民政府依照法律规定的权限，管理本行政区域内的经济、教育、科学、文化、卫生、体育事业、城乡建设事业和财政、民政、公安、民族事务、司法行政、监察、计划生育等行政工作，发布决定和命令，任免、培训、考核和奖惩行政工作人员”；第六节民族自治地方的自治机关第一百一十九条规定，“民族自治地方的自治机关自主地管理本地方的教育、科学、文化、卫生、体育事业，保护和整理民族的文化遗产，发展和繁荣民族文化”。1995 年 6 月 20 日，国务院下发了《关于印发全民健身计划纲要的通知》，正式颁布实施《全民健身计划纲要》。在《全民健身计划纲要》实施到 2009 年《全民健身条例》颁布的 10 多年间，我国不断加强民主法制建设和人权事业发展，将体育纳入公民权利体系。参加体育健身作为公民的一项基本权利，已达成社会共识并得到国家法律法规的保障。国家通过《体育法》，运用各种法律政策手段，对全民健身事业的发展进行推动并给予有力保障。《全民健身条例纲要》的实施过程是国家不断为全体公民享受体育健身权益提供制度保障的过程，也是全民健身法制不断完善、群众体育健身权益保障不断得到强化的过程。《全民健身条例》第四条规定，“公民有依法参加全民健身活动的权利。地方各级人民政府应当依法保障公民参加全民健身活动的权利”；第二条规定，“县级以上地方人民政府应当将全民健身事业纳入本级国民经济和社会发展规划，有计划地建设公共体育设施，加大对农村地区和城市社区等基层公共体育设施建设的投入，促进全民健身事业均衡协调发展”。

“1982 年宪法”的新规定，使基本权利条款不再是纯粹政治和道德意义的国家方针指示，而是对国家机关具有法律拘束力的命令，如有违背会导致违宪的后果。这种条款相当于“宪法委托”或“制度保障”。但在我国违宪审查制尚不健全的情况下其法律实效很不理想，立法机关将宪法规定的公民体育权利具体化为法律的时间，一直拖延到 1995 年全国人民代表大会常务委员会通过的《体育法》，立法和行政行为的违宪案件没有出现。

我国公民体育权利法律效力与西方国家相似，经历了一个从弱到强的理论与实践演变，从立法者的“立法指示”、“宪法委托”到“制度保障”及至近年来出现的“公法权利”趋势，国家承担的义务从道德义务和政治义务逐步上升为法律义务。

二、公民体育权利效力的具体分析

公民体育权利属于经济、社会、文化权利，即社会权的一种，但社会权的效力问题在不同国家、不同时期有不同答案，国际社会至今尚未达成一致。具体来说，社会权对应的义务是法律义务还是道德义务或政治义务？如果说社会权对应的义务是法律义务，那么公民体育权利对应的义务是什么，如何承担？法律义务的范围是什么？这部分对公民体育权利的效力进行具体分析。

（一）社会权对应的义务是法律义务，而不仅仅是政治义务和道德义务

不管是西方还是中国，都曾将社会权视为只是国家的立法指示、纲领方针，国家对其公民承担的只是道德义务或政治义务。现在，这种观念还相当盛行，严重影响了社会权效力的发挥，以致社会权一直仅仅被视为国家争取的目标和理想，没有获得与自由权同样的法律地位。反对社会权具有相应法律义务的人认为，社会权的理想是值得称赞的，但是它们还不能成为可诉性的法律权利。从政治和道德角度看它们在国家政策制定中发挥重要作用，但是它们不能像公民和政治权利那样构成法律权利。[①] 即使社会权被法律化而成为法律权利，也并不意味着它获得了可由司法裁决的法律约束力，也只是提醒国家机关应该予以关注，仅有对立法者或执法者的道德或政治约束力。而且在法律的构成要素中，除了规范之外，还有原则和政策。因而，那种认为社会既然已经法律化、国家承担的义务是法律义务的看法是有失偏颇的。

反对的观点之所以产生如此广泛、深刻的影响，是因为它建立在当前关于社会权与自由权关系的主流理论的基础之上。如前文所述，主流理论认为，社会权与自由权之间的一个重要区别是“义务区别”：社会权只是积极权利，只对国家提出提供帮助的积极作为义务；而自由权是消极权利，只对国家提出免于干预的消极不作为义务。

---

① See E. W. Vierdag. The Legal Nature of the Rights' granted by the lnternational Covenant on Economic. Social and Political Rights, 1978 (69), p. 103.

然而，前文分析已证明，当前主流理论是犯了简单化和直观化的错误。社会权和自由权都与一组组义务相联系，包括消极义务和积极义务，它们既要求国家某种行为的容忍，也要求国家提供和分配资源。对与社会权相对应的国家义务的务实理解，挪威著名人权学家 A. 埃德的观点全面而中肯。他认为，国家至少负有三种义务，即尊重、保护和实现的义务。尊重的义务要求政府不得对社会权的享有进行干涉，保护的义务要求政府防止第三方对这些权利的侵犯，而实现的义务要求政府采取适当的立法、行政、预算、司法和其他措施以确保这些权利的充分实现。[①] 因而我们可以说，所有社会权都具有相应的法律效力，并使国家承担相应的法律义务。如《社会权公约》第二条规定了缔约国承担的义务性质为一般法律义务，包括行为义务和结果义务。[②] 其中，“采取步骤”的行为义务本身不受其他问题的限定或限制，是“立刻生效”的；对于结果义务，缔约国均有责任承担最低限度的核心义务，确保至少使每种权利的实现达到一个最基本的水平，这也是“立刻生效”的义务。大多数社会权只能逐渐地加以实现这一事实——实际上这一点也适用于大多数公民权利和政治权利——并没有改变政府所承担的法律义务的性质。[③]

---

① 参见（挪）A. 埃德《人权对社会和经济发展的要求》和《国际人权法中的充足生活水准权》（见刘海年《〈经济、社会和文化权利国际公约〉研究》，中国法制出版社 2000 年版，第 15～16 页、第 220 页）。

② 参见联合国经济、社会和文化权利委员会《一般性意见：缔约国义务的性质》，见 E/1991/23 号文件。

③ 参见（挪）A. 埃德《国际人权法中的充足生活水准权》，见刘海年《〈经济、社会和文化权利国际公约〉研究》，中国法制出版社 2000 年版，第 220 页。

（二）公民体育权利对应的法律义务主体是国家，具体由立法、行政和司法三权承担

人权是人对其所在社会提出的要求，法律权利是对公民所在国家提出的要求。作为法律权利的公民体育权利则是指公民依法享有的要求国家对其体育文化生活积极促成及提供相应服务的权利，其义务主体必定是国家，具体由立法、行政和司法三权承担。鉴于当前人权保障的国际化趋势，以及各国应当履行的保障国际人权的义务，立法者在将宪法中纲领性的客观权利转变为法律规定的具体性主观权利过程中，应当积极参与国际人权法的合作，签署、批准和加入有关保障公民体育权利的国际条约，并尽快切实履行国际人权法在国内法的实施义务。因此，立法机关对宪法规定的公民体育权利的保障可从两个方面进行，一是通过立法落实中国批准和加入的国际人权法规定的公民体育权利内容，二是将宪法有关公民体育权利的条款法律化、具体化。

国际人权在国内的实施方式取决于国际法与国内法的关系。关于国际法与国内法的关系，或者说国际法的效力问题，国际法上没有统一规则。实践中，大体存在两种对立的比较典型的模式：一是“个别”转换，即条约的国内法效力依赖于国家通过个别主法实施的转换过程；二是“自动纳入”，即国家一旦缔结或加入某一国际条约，该条约便自动地成为国内法的部分。[①] 如果采用“个别转换”方式，唯一的实施方式就是

---

① 参见龚刃韧《关于国际人权条约在中国的适用问题》，见夏勇《公法》第1卷，法律出版社1999年版，第284页。

立法机关的立法；如果采用“自动纳入”方式，实施方式将主要是司法机关和行政机关的执法和司法，以及立法机关对国际人权法的解释。但事实上，采用“自动纳入”方式的国家中，条约又分为“自动执行条约”和“非自动执行条约”。“非自动执行条约”的实施实际上和采用“个别转换”方式的国家一样，非经国内立法不得在国内法院直接适用。而且，有些国际条约本身就要求缔约国通过国内立法来实施条约的规定。[①] 所以，国际人权法在各国的实施首先必须通过立法机关的立法转换。

立法者除采纳国际标准以外，还必须根据各国的具体国情将《宪法》的条款具体化为可以操作的国内标准。从前文关于西方国家和中国公民体育权利法律效力的理论可知，采取“方针条款”、“宪法委托”和“制度保障”模式的情形比较普遍，这就需要将《宪法》中公民体育权利条款进一步法律化、具体化，唯一途径就是立法机关的立法活动。

公民体育权利经立法权从宪法权利具体化为法律权利并得到立法保障之后，并不必然地自动为公民实际享有，其无阻碍地实现还需对法律执行负有法定职责的国家行政权的积极作为保障。行政执法是指享有行政权的行政主体在行使行政管理权的过程中，依照法定职权和程序，贯彻实施法律的活动。“徒法不足以自行”，法律的生命力在于它在社会生活中的具体实施。根据《宪法》规定的国家权力分工，行政权是执行国家意志的权力，立法权表达的国家意志主要由行政权来贯彻执

---

① 例如，1966 年《经济、社会和文化权利国际公约》第二条第一款就要求各缔约国采取一切适当方法，尤其是立法方法，逐渐实现该公约承认的权利。

行。例如，据国务院法制局的统计，中国有近 80% 的法律法规是由各级行政机关贯彻执行的。[①] 公民体育权利需要国家的积极主动促成和提供（给付）方能实现，与行政权行使的主动性、能动性相一致。因而，规定公民体育权利的法律没有行政权的执法保障几乎是不可能实现的。公民体育权利对于司法权的效力，就是司法机关必须履行保护公民体育权利的法律义务，当公民体育权利遭到立法权、行政权或其他人的作为或不作为侵害时，应受理相关的公民体育权利侵权诉讼案件。这也是司法机关的法定职能和职责。

（三）公民体育权利对应的法律义务范围——既有积极义务，也有消极义务

权利都是法律下的权利，是相对的而不是绝对的。公民体育权利莫不如此。权利的界限就是其相对应的义务范围。公民体育权利作为一种法律权利，都要求国家一般法律义务的履行，既要求国家的积极义务也要求国家的消极义务。公民体育权利作为消极权利，国家承担尊重的义务，即国家不干涉公民体育权利享有的消极义务，这与自由权对应的消极义务性质完全相同。这种消极义务是直接的、立即生效的，也是自动执行的而不需要国家的积极措施，因而是一种具有国家强制力的法律义务。公民体育权利作为积极权利，国家至少在某种程度上承担直接的、立即生效的积极义务。这些积极的法律义务包括国家的保护义务和实现义务。保护公民体育权利不被第三人侵犯与保护自由权不被第三人侵犯具有相同性质，国家机关的不

① 参见高帆《行政执法手册》，中国法制出版社 1990 年版，第 6 页。

作为将导致其违法而承担法律责任。实现的义务包括促成和提供的义务，它要求国家采取措施以创造条件使每个人都能够采取必要行动来满足自己的需求。提供的义务依赖于国家可以获得的资源，资源的稀缺性使所有的公民体育权利不可能全部得到实现。国家承担公民体育权利实现的程度要受到国家经济发展水平的限制，但不能因此而将国家的保护义务排除在法律义务之外，政府应采取适当的立法、行政、预算和其他措施以确保公民体育权利充分实现的积极义务。

三、《全民健身条例》对公民体育权利的保障与不足

我国《宪法》第三十三条第三款规定“国家尊重和保障人权”，第二十一条则规定了“国家发展体育事业，开展群众性的体育活动，增强人民体质”。从这两条规定以及前文的理论分析可以看出：一方面，公民进行体育锻炼是公民行使体育权利的表现；另一方面，国家为保障公民体育权利的全面实现，不仅应当消极不侵犯公民体育权利，还应为公民的体育锻炼积极提供服务、物质条件以及制度性保障等。《全民健身条例》是我国第一部保障公民体育权利的系统立法，充分体现了国家履行公民体育权利的立法保障义务。

（一）明确“公民参加全民健身活动的权利”

《全民健身条例》第四条第一款明确规定：“公民有依法参加全民健身活动的权利。”我国宪法上的“公民体育权利”是个十分宏观的概念，它涉及许多内容，关系到公民在社会生活领域中的许多体育权利，因此宪法上的公民体育权利作为基

本权利需要在社会实践中进行具体化，只有这样才能使体育权利这一基本权利由应然走向实然，也才有在实践中实现的可能。就全民健身而言，该条例将我国《宪法》上的公民体育权利具体化为“公民参加全民健身活动的权利”，这一明确具体的规定更有利于公民体育权利在全民健身领域的具体实现，同时也意味着《全民健身条例》中有关国家机关在全民健身活动中的行为体现了我国公民体育权利的功能。

（二）国家消极不侵犯公民参加全民健身活动的权利

《全民健身条例》第十九条规定：“对于依法举办的群众体育比赛等全民健身活动，任何组织或者个人不得非法设置审批和收取审批费用。”第二十五条规定：“任何组织或者个人不得利用健身活动从事宣扬封建迷信、违背社会公德、扰乱公共秩序、损害公民身心健康的行为。”第三十九条规定：“县级以上人民政府及其有关部门的工作人员在全民健身工作中玩忽职守、滥用职权、徇私舞弊的，依法给予处分；构成犯罪的，依法追究刑事责任。”我国宪法上的公民体育权利具有防御权功能，即国家应当履行消极不侵犯的义务，因此《全民健身条例》将该项国家义务具体化为这三条立法规定。

（三）国家积极保障公民参加全民健身活功的权利

公民体育权利作为一项社会权，不仅需要国家的消极不作为，更多的时候需要发挥其收益权功能和客观价值秩序功能，使国家积极地实现公民参加全民健身活动的权利，以充分保障和实现宪法上的公民体育权利。

（1）体现国家保障公民体育权利实现的责任。《全民健身条例》第一条即规定了全民健身立法的宗旨：“为了促进全民健身活动的开展，保障公民在全民健身活动中的合法权益，提高公民身体素质，制定本条例。”可见该条例的出台是为了满足公民的健康需求，提高公民身体素质，为促进公民体育权利的实现，提供立法的保障。该条例在第一条之后的其他诸多条款中将这一立法保障的内容进行了具体细化，尤其注重引导和规范行政机关在全民健身活动中的角色定位及其主要职责，这为有效实施《全民健身条例》与实现公民体育权利提供了前提条件。

（2）组织保障。《全民健身条例》第二条规定，县级以上人民政府应当保障全民健身经费的投入和公共体育设施的建设；第四条第二款规定，地方各级人民政府应当依法保障公民参加全民健身活动的权利；第五条明确规定了全民健身工作的责任主体在于中央及地方政府部门；第八条明确规定了中央及县级以上地方政府负责制订并实施全民健身计划；第九条规定由国务院和县级以上政府分别开展公民体质监测和全民健身活动状况调查；第十二条第三款，第十三条、第十四条明确规定了全民健身活动开展的组织以政府为主导力量；第二十四条规定组织全民健身活动应当遵守有关安全管理规定；第二十七条规定公共体育设施建设应当遵守《公共文化体育设施条例》的规定；第三十二条、第三十四条规定对高危体育项目的审批和检查职责等等。

（3）服务与物质保障。在提供全民健身服务方面，《全民健身条例》第十二条第三款规定县级以上人民政府体育主管部门应当在全民健身日组织开展免费健身指导服务，第四款规定公共体育设施应当在全民健身日向公众免费开放；第十三条规定中央及地方政府应当定期举办全国及区域性群众体育比赛活动。在物质保障方面，依《全民健身条例》第二条的规定，全民健身事业应当纳入本级国民经济和社会发展规划，有计划地建设公共体育设施，加大对农村地区和城市社区等基层公共体育设施建设的投入；第二十六条规定县级以上人民政府应当将全民健身工作所需经费列入本级财政预算，并不断增加，同时体育主管部门在分配彩票公益金时应当根据国家有关规定用于全民健身事业；第二十九条规定公园、绿地等公共场所的管理单位，应当根据自身条件安排全民健身活动场地，县级以上地方人民政府体育主管部门根据实际情况免费提供健身器材，居民住宅区的设计应当安排健身活动场地。

（4）制度性保障。《全民健身条例》第六条第二款规定了自然人、法人或者其他组织对全民健身事业提供捐赠的，可依法享受税收优惠制度；第七条规定对发展全民健身事业有突出贡献的组织和个人给予表彰、奖励制度；第八条规定国家制订全民健身实施计划；第九条规定，国家实施国民体质监测制度，并定期开展全民健身活动状况调查；第十条规定，根据国民体质监测结果和全民健身活动状况调查结果，及时修订全民健身计划，以便更好地促进全民健身活动的顺利开展；第十二条规定应设立全民健身日，以及全民健身组织者的义务与公共体育设施必须免费向公众开放的制度；第二十八条规定学校体育设施对外开放制度以及为对外开放体育设施的学校设立体育保险制度；第三十一条规定国家设立社会体育指导员制度，对职业指导员实行职业资格证书制度、对不以收费为目的的指导员实行技术等级制度；第三十二条具体规定批准经营高危体育项目时的强制许可制度、监督检查制度。

《全民健身条例》于2009年10月1日起生效，生效后在许多方面都取得了突破性成就。全国体育管理部门认真贯彻实施。该条例至今已围绕“全民健身日”开展了丰富多彩的全民健身活动，如老年人体育健身大会、青少年阳光体育运动、亿万妇女健身展示大会等，同时全民健身场地设施的建设也进一步加快等等。但《全民健身条例》在全民健身实践中也逐渐浮现出一些亟待解决的问题，这些问题若不及时解决会对该条例的实效性造成很多的负面影响。[①] 这主要是因为《全民健身条例》中农民体育权利保障的不足：①未涉及农村体育文化的开展。②农村体育组织体系重心偏高。③未保障农村全民健身经费的具体落实。④农村体育开展需要建立长久机制。通过完善《全民健身条例》中农村公民体育权利的建议：①农村体育组织体系延至行政村，增设乡镇农村体育协会及行政村体育机构，增设通过试点逐步展开。②经费投入重心下移。③丰富农村体育开展方式。[②]

---

① 参见卜君《论〈全民健身条例〉对我国公民健康权的保障》，见王小平、马宏俊《体育法学专题研究》，中国政法大学出版社2012年版，第123页。

② 同①，第136页。

第二部分　体育赛事转播权

体育赛事转播权的法律性质研究

——侵权法权益区分的视角

伴随着我国体育商业化的不断发展，出售体育赛事转播权已成为体育组织一项非常重要的经济来源，正因为如此，体育赛事转播权的法律保护问题便凸显出来，而体育赛事转播权的法律性质决定了对其进行保护的法律路径和受保护力度。学界有不少关于体育赛事转播权法律性质的讨论，希望在民法理论上定位体育赛事转播权的法律性质，从而找到保护体育赛事转播权的相应法律路径。但学界目前关于体育赛事转播权法律性质的研究难以做到学理上的逻辑自足，也许正是理论上的研究不够深入，有学者甚至认为对体育赛事转播权的保护无法可依。[①] 基于此，本文拟从新的视角探讨体育赛事转播权的法律性质，希望对其性质的界定给予学理上的支撑。

需要说明的是，在我国，体育赛事转播权概念中的“转播”常在“转播”和“直播”两种意义上使用，非常容易混淆，由于各种媒体的大量使用，“转播”包括“直播”和“转播”的概念已基本上为大众所接受。在我国现行法律体系中，

---

① 参见徐康平《试论体育比赛的知识产权化——从电视转播权的交易谈起》，载《北京工商大学学报》2008 年第 4 期。

并没有体育赛事转播权的概念，“体育赛事转播权”仅仅是媒体和大众对播送体育比赛行为约定俗成的说法。事实上，直播意义上的转播权和字面意义上的转播权在法律上是两种性质完全不同的权利。二者之间的概念区分已经有学者进行了比较研究。[①] 字面意义上的体育赛事转播权属于邻接权中的广播组织权，可以得到著作权法的保护，学界的观点基本一致，有争议的主要是直播意义上的转播权。本文中研究的体育赛事转播权是指直播意义上的体育赛事转播权。直播意义上的体育赛事转播权，指的是比赛组织者举办体育比赛时允许他人现场拍摄、录像向公众传播，并据此获取报酬的权利。

本文分三个部分讨论：①有关体育赛事转播权法律性质的主要观点评析；②从侵权法权益区分的角度探讨体育赛事转播权的法律性质；③将体育赛事转播权界定为侵权法上权利的实践意义。本文的研究意义是：我国从20世纪90年代开始探索体育赛事转播权的商业开发，历经曲折，才作为一项权利得到认可，但由于其在法律性质上的模糊认识，导致实践当中比赛组织者的权利意识欠缺，对于转播权的纠纷，也得不到合法地解决，影响了体育赛事商业开发的提升。所以，在理论上明确体育赛事转播权的法律性质，可以使比赛组织者在进行市场开发的时候，有法可依，有利于保护体育赛事转播权，有利于我国体育产业的发展。

---

① 参见蒋新苗、熊任翔《体育比赛电视转播权与知识产权划界初探》，载《体育学刊》2006年第1期。

一、有关体育赛事转播权法律性质的主要观点评析

前人的研究是本文进一步探讨的基础，为了比较深刻地探讨体育赛事转播权的法律，需要对已有的关于体育赛事转播权法律性质的主要观点作学术评析。

（一）体育赛事转播权法律性质的国内观点

关于体育赛事转播权是一个什么性质的权利，学界在认识上存在着广泛争议。原来有学者认为它属于著作权[①]，或者属于著作权法中的邻接权如广播组织权[②]。根据《中华人民共和国著作权法》（简称《著作权法》）以及一些知识产权的国际公约，我国现行《著作权法》所称的作品不包括体育比赛，体育比赛不受我国现行《著作权法》的保护。因此，体育赛事转播权不属于著作权，也不可能属于邻接权的范畴，因为邻接权以著作权的存在为基础，而著作权又必须以作品的存在为前提。也有学者认为，它属于物权，在职业化、商品化的条件下，体育比赛也是一种服务产品，职业体育赛事转播权是这种产品所有者的收益权，即物权。[③] 但是，根据《中华人民共和国物权法》（简称《物权法》）的规定，物权包括所有权、用

---

① 参见吕明元《体育赛事电视转播权的开发与思考》，载《天津体育学院学报》1998 年第 3 期。

② 参见赵豫《关于体育竞赛电视转播著作权问题的探讨》，载《体育科学》2003 年第 3 期。

③ 参见刘强、胡峰《体育竞赛及其电视转播权的知识产权保护》，载《南京体育学院学报》2006 年第 2 期。

益物权和担保物权，而所有权和用益物权的客体是有体物，担保物权的客体是有体物或权利。[①] 而体育赛事转播权的客体是正在进行的体育比赛，显然将其归于物权的观点不能成立。它不属于著作权、广播组织权、物权。经过几年的讨论，学界已经达成共识。目前，国内存在的主要观点有三种，但尚缺乏理论上的有力辨析。

1. 体育赛事转播权是表演者权

有人认为在体育比赛不是作品的情况下，仍可根据《罗马公约》第九条的规定将体育赛事转播权视为表演者权，理由是根据该条款可以将表演者的范围扩大到运动员；同时，出于保护劳动成果的需要，可以将运动员视为表演者，将体育赛事转播权视为表演者权。[②] 这种观点存在的问题在于，体育赛事转播权的主体是体育比赛组织者而不是运动员，往往也不是运动员所在的组织（体育俱乐部）。《罗马公约》第九条中规定："任何缔约国均可根据国内法律和规章，将本公约提供的保护扩大到不是表演文学或艺术作品的艺人。"该条款将适用表演者权的主体范围定为艺人，也就是表演者，而体育比赛组织者能否成为该条款的表演者呢。我国《著作权法》第三十六条规定："使用他人作品演出，表演者（演员、演出单位）应当取得著作权人许可，并支付报酬。演出组织者组织演出，由该组织者取得著作权人许可，并支付报酬。"《中华人民共和国著作权法实施条例》（简称《著作权法实施条例》）第五条对表演者的含义给予了明确解释："表演者是指演员、演出

① 参见王利明《民法》，中国人民大学出版社2008年版，第186页。

② 参见李建华、申卫星《知识产权法》，吉林出版社1998年版，第117页。

单位或者其他表演文学、艺术作品的人。”表演者与演出组织者是两个不同的主体，如果把体育比赛当作表演，那么运动员或其所在的俱乐部就是表演者，演出组织者就是体育比赛组织者。让体育比赛组织者享有表演者权就存在着主体上的误差，体育比赛组织者往往和运动员组织者是不重合的。例如，我国足球联赛的电视转播权主要归中国足协，中国足协和各个球队俱乐部是不同的体育组织。所以表演者权的观点很难成立。

2. 体育赛事转播权是契约权利

有学者认为，体育赛事转播权实质上是一种根据契约而产生的民事权利，是一种广义上的合同权；并以奥运会赛事转播权为例，认为由于《奥林匹克宪章》是奥运会乃至奥林匹克运动的宪法性文件，也是任何参加奥运会活动的人和机构统一订立的契约。《奥林匹克宪章》中明确规定了国际奥委会对奥运会电视转播权享有全部的权利，属于奥林匹克大家庭的每一个成员都必须遵守《奥林匹克宪章》的规定，并受其约束。接受《奥林匹克宪章》就意味着接受其中转播权事项的约定，就是合同法上的“达成合意”。因此，体育赛事转播权应属于基于契约而形成的民事权利。[①] 在笔者看来，这种观点无法成立。我们都知道，国际奥委会其实是一个国际民间组织，它并不是政府组织，所说的“奥林匹克宪章”既不是国内法律，也不属于国际条约，没有法律效力，属于国际民间契约。依民间契约而产生的权利和依法律而产生的权利，是两回事。依契

① 参见马法超《体育赛事转播权法律性质研究》，载《体育科学》2008 年第 1 期。

约而产生的权利仅在契约当事人内部有效，不具有对外效力，虽有权利之名但却无法律上的权利之实；而法律设定或吸收的权利具有普遍意义，权利人可以要求所有的人不得有损害其权利的行为。这种观点实际上没有回答体育赛事转播权的法律性质是什么。

3. 体育赛事转播权是无形财产权

有人认为，转播意义上的电视转播权是职业体育俱乐部、比赛组织者向电视机构出售现场制作体育电视节目的权利，这些节目的制作与播出几乎是同步的，根据“服务产品理论”，服务产品即非实物劳动成果，体育赛事为非实物形态的体育劳动成果，属于无形财产权。[①] 这种观点有着明显的局限性，不符合正常的表述逻辑。定义应当用肯定的语句和正概念，不宜用否定的语句和负概念来描述。无形财产说回避了正面回答问题的逻辑，用否定语式指出体育赛事转播权不是什么，却没有回答体育赛事转播权是什么这一实质问题。用无形财产权这样的财产权观念和模式来形容与描述体育赛事转播权，其方法就不正确，不能客观、准确地反映它的本质。无形财产权太多了，如知识产权、债权等都属于无形财产权。上述分析说明，体育赛事转播权是一项无形财产，但无形财产权却不能揭示体育赛事转播权的法律性质。

① 参见向会英、谭小勇、姜熙《反垄断法视野下职业体育电视转播权的营销》，载《天津体育学院学报》2011 年第 1 期。

（二）体育赛事转播权法律性质的国外观点

在欧美，对体育比赛转播权法律性质的认识，在理论上经历了从“赛场准入权说”、“娱乐服务提供说”到“企业权利说”发展的过程。[①] 根据“赛场准入权说”，转播权的存在只能依附别的民事权利，是由体育场馆所有权或占有权引申而来的，本质上还是一种物权观点，很难成立。“娱乐服务提供说”也存在着很大的缺陷，它没有区分媒体现场直播比赛和观众现场观看比赛存在的不同，这一理论实际上否认了转播权作为一种财产利益的独立地位，与现实中的做法不符。“企业权利说”则直接把转播权界定为一种经济财产权利，认为它是一种无形财产权，也不能揭示其法律性质。国外对体育赛事转播权的法律性质目前也没有确切的界定，三种学说各有弊端，无法准确界定其法律性质。[②]

综上所述，当前国内外关于体育赛事转播权法律性质的主要理论都缺乏充分的说服力；同时，也让我们看到，在我国目前的法律框架内，没有哪一种法律明确设定的权利可以涵盖和吸收体育赛事转播权，这就需要我们跳出既有的法律权利体系框架，从一个新的视角对体育赛事转播权的法律性质给予法理上的界定。笔者拟从侵权法权益区分的角度来探讨体育赛事转播权的法律性质，即：它能否成为侵权法意义上的权利？

---

① 参见郭玉军、裴洋《欧洲足球比赛电视转播权转让的竞争法问题研究》，见李双元《国际法比较法论丛》（第6辑），中国方正出版社2003年版，第345～410页。

② 参见于善旭《我国体育无形资产法律保护的研究》，北京体育大学出版社2009年版，第130页。

二、体育赛事转播权的法律性质：侵权法意义上的权利

（一）法定权利是否为侵权责任发生的基础

《中华人民共和国侵权责任法》（简称《侵权责任法》）第一条规定，“为保护民事主体的合法权益，明确侵权责任，预防并制裁侵权行为，促进社会和谐稳定，制定本法”；第二条规定，“侵害民事权益，应当依照本法承担侵权责任”。显然，《侵权责任法》将保护的对象定位于民事权益。如何理解《侵权责任法》的第一条和第二条呢，体育赛事转播权并不是一项法律明确规定的权利，那么体育赛事转播权能否成为侵权法意义上的权利呢，我们首要需要讨论侵权法中民事权益的内涵是不是仅指法律上明确规定的权利。

如果根据《侵权责任法》的名称，顾名思义，法定权利在侵权法中的核心地位可能会被强调，从而被认为是侵权责任发生的必要条件。侵权成立的逻辑前提是法定权利的存在，否则侵权行为不可能产生，之后侵权责任也就不可能发生。这样，《侵权责任法》中似乎就存在一个很明显的逻辑思路，即法定权利—侵权行为—侵权责任。侵权责任必须以法定权利作为发生的基础。

但是，这个逻辑思路并未表现于我国的立法规定之中。在《侵权责任法》通过之前，《中华人民共和国民法通则》（简称《民法通则》）第一百零六条第二款规定的表述并没有采取“财产权”和“人身权”的表述方式，而是采取了“财产”、“人身”这种表述方式。显然，财产权和人身权仅仅是财产和

人身的一种类型而已，后者还包括其他受到法律保护之权益。如此，侵权行为除了包括侵害权利的行为之外，还包括其他侵害他人财产权益和人身权益的行为。侵权行为就是侵犯“权益”的行为，这一点得到了我国学者的普遍赞同，也为立法者所接受。《侵权责任法》第二条、第六条和第七条则明确使用了“权益”这个表述，不但涵盖了权利也涵盖了权利之外的利益。权利的本质也是利益，利益包含着权利，但侵权法要保护的利益除了权利之外，还有很多尚未成为权利的利益，这部分利益就是侵权法要保护的民事权益中的利益。体育赛事转播权作为一项无形财产，在国内外体育产业市场中能够作为合同转让的标的受到各国合同法的保护，无疑说明它至少是一种法律上要保护的利益。但这种利益能否成为侵权法上要保护的权利呢？这是一个值得深入讨论的问题，它关系到侵权法对体育赛事转播权保护力度的强弱。

体育赛事转播权不是一项法律规定的权利，没有法律的规定是不是只能作为利益而给予侵权法的保护。换言之，能否认为凡法律已经规定的权利为权利，法律未规定为权利又需要保护者为利益。其实，这种观点已经在有些无权利之名者有权利之实方面受到批驳。全国人大常委会法律工作委员会王胜明副主任曾表示，“我一直努力学习如何将权利和利益划分清楚，但我还没有看到一本教科书清楚划分什么是权利、什么是利益”[①]。他认为，如从内容划分，由于权利的落脚点还是利益，很难划清楚。如从形式划分，即认为法律写明某某权的可以称

① 王胜明：《侵权责任法的立法思考》（一），见中国民商法律网（http：//www. civillaw. com. cn/article/default. asp? id =47193），2012 年 7 月 1 日访问。

为权利，没有写明又需要保护的就属于法律保护的利益，也不妥当。如未冠以“权利”称谓的利益，可能实际上享有权利地位，如曾经的“隐私权”及从未在立法上出现过的“身体权”。“‘立法规定为权利者即为权利，未规定为权利者即为利益’这种纯形式化的判断标准是行不通的，有权利之名者未必是侵权法上的权利，社会中新产生的、无权利之名者却完全可能具有权利的特征。”① 下面我们需要澄清的是，体育赛事转播权究竟是侵权法意义上的权利还是利益。

（二）对体育赛事转播权的权益区分

以前，我国法学界虽有不少在侵权法中建立权益区分保护的立法建议，法官在侵权案件中也努力给予权利和利益不同的法律保护，但我国缺少如何区分侵权法上的权利和利益的深入研究。“因为有这么多的疑问，我不敢大胆接受在《侵权责任法》中规定侵害的对象一类是权利，一类是利益”，“我采取更多人都能接受的办法，那就是写‘侵害民事权益’”。可见，促使我国最终选择权益不分的法国模式的决定性因素之一，就是权利与利益区分的困难。但若不能区分权利与利益，则意味着实质上仍然不能确定权利、利益保护条款各自的保护范围。这种体系最终意味着由法官在个案中决定何者是权利，何者是利益，再决定适用哪个条文及何种要件进行保护。

近两年来尤其是去年，随着我国学者对德国侵权法理论研究的深入，已经从德国民法学那里找到了权益区分的理论标

① 于飞：《侵权法中权利与利益的区分方法》，载《法学研究》2011 年第 4 期。

准，并在司法实践中开始得到重视和应用。德国民法学对侵权法上的权益区分提出了“归属效能”、“排除效能”和“社会典型公开性”三个理论标准。归属效能的核心在于将确定的利益内容归属于特定主体；排除效能的核心在于主体得排除他人的一切非法干涉；社会典型公开性的核心在于使社会一般主体有识别利益客体的可能性，从而兼顾潜在侵权人的行为自由。同时符合这三个标准的，为侵权法意义上的权利；反之，即为侵权法意义上的利益。[①]

我们可以根据“归属效能”、“排除效能”和“社会典型公开性”三个理论标准，来区分体育赛事转播权是侵权法上的权利还是利益。

1. 归属效能

归属内容的中心要义，在于归属内容的确定性。侵权法意义上的权利是绝对权利，如果要构成一项绝对权利，就必须从正面清晰地说明究竟把什么利益内容归属于特定主体。物权法中强调“客体确定原则”，原因就在于为物权确定明确的客体与利益归属内容，否则物权的支配效力范围就难以确定，他人的义务范围亦难以确定。

体育赛事转播权的内容是明确的，体育比赛组织者举办体育赛事时，许可他人有进行电视现场拍摄向公众实时传播，并从中获取报酬的权利。在现代体育的商业化运作中，通过签订合同转让电视转播权是一种起主导作用的运作方式，体育赛事转播权成为转让合同的标的。在合同制度中强调标的“确定”

---

① 参见于飞《侵权法中权利与利益的区分方法》，载《法学研究》2011 年第 4 期。

是合同生效的要件[①]，在于明确债权的利益归属内容必须明确，因为合同标的决定着合同权利义务的内容，标的不确定，合同就失去履行的意义。体育赛事转播权的转让合同是国内外体育市场中普遍订立的合同，通过转播权转让合同，比赛组织者获得了巨大的经济利益。这有力地说明，体育赛事转播权具有归属效能的特征。

2．排除效能

排除效能的基本含义便是排除其他主体的任何不法干涉，这是绝对权的根本特征。但从排除一切他人之干涉的角度看，相对权显然不具备排除效能。典型的相对权为债权，债权人只能向特定的债务人主张权利，对于债务人之外的第三人，因其与债权人之间并不存在债权债务，所以不能向其主张权利。债权也就不具备侵权法上权利的资格，只能是侵权法意义上的利益。

在体育比赛的过程中，电视台媒体在与比赛组织者没有任何约定的情况下，对体育比赛的现场拍摄并向公众实时播放，如果被比赛组织者发现，不给予许可，完全可以加以阻挠，以保护其转播权。体育赛事转播权具有支配性、排他性，除法律另有规定外，未经所有者许可，任何人不得以营利为目的实施其权利，具有排除效能。早在北京奥运会将要举行之前，国家有关部门与奥运新媒体传播者代表共同发出呼声："通过网络非法直播体育赛事是侵权行为。"[②] 这也说明，体育赛事转播

① 参见崔建远《合同法》，法律出版社2007年版，第97页。

② 阎晓宏：《奥运新媒体转播拷问版权保护意识》，见中国新闻出版网（http：//www.chinaxwcb.com/index/2008～05/15/content_120244.htm），2012年7月9日访问。

权具备排除任何他人非法干涉的效能。

3. 社会典型公开性

社会典型公开性以法益的可识别性为基础，源于文化的认可和社会的共识，并建立在可感知的客体上。侵权法努力在加害人与受害人之间寻求平衡。从加害人角度考虑，为避免其动辄得咎，受侵权法保护的法益必须具有社会一般意义上的可识别性，而不是一般侵权人所不能感知。社会典型公开性并非基于个体于个案中的认识或预见，而是基于人们共通的社会经验、文化认同。社会典型公开性并非“客观的、自然科学意义上的”，而是“精神的、社会文化意义上的”。这种法益的可识别性须建立在可感知的客体上，但“并不以具体体现为一个物为必要”，例如名誉权。

体育赛事转播权在法律上属于哪类法律权利尚无明文依据，但国内外新闻媒体报道中却是经常用到的一个词汇。体育赛事电视转播权在国外有多种称谓，如 sportsbroad-casting rights（体育广播权）、TV rights of sportsevents（体育运动会电视权利）、broadcasting rights of sportsevents（体育运动会广播权）、TV rights（电视权利）等都有可能指直播意义上的电视转播权。[①] 根据国际惯例，体育赛事的转播权属于赛事主办者。以奥运会为例，《奥林匹克宪章》是奥林匹克运动的宪法性文件。《奥林匹克宪章》第七条第一款明确规定了国际奥委会对奥运会电视转播的权利：“奥林匹克运动会完全属于国际奥委会，国际奥委会拥有其中有关的全部权利，特别是（而

① 参见蒋新苗、熊任翔《体育比赛电视转播权与知识产权划界初探》，载《体育学刊》2006 年第 1 期。

且没有限制的）涉及该运动会的组织、开发、广播电视和复制的权利。”国际足联明确阐明其拥有对世界杯公共信号及集锦素材的所有权。从欧盟的角度来讲，欧洲法院2002年10月的一项判决指出体育运动的电视转播权通常属于体育比赛的组织者，体育赛事转播权一般由体育行会和组织来集中统一销售。[①] 美国和法国的做法是直接撇开讨论体育赛事转播权到底是一个什么性质的权利，而是将体育比赛转播权的归属以专门的法律固化下来。1998年荷兰广播协会（NOS）诉荷兰足球联合会（KNVB）一案判决则表明，赛事转播权是受荷兰法律保护的，但它不是一种知识产权。[②] 以色列1988年实施的《体育法案》第十部分至第十一部分要求各体育协会制定规章对赛事转播、运动员转会等做出规定，该规章对与协会有关的运动员、俱乐部、体育官员等都要适用。体育协会，如足球协会就规定，足球协会享有开发赛事转播权的排他权利。[③] 危地马拉《体育、运动、娱乐法》第一百五十五条规定，“国内比赛的电视转播权由单项协会授予。国际比赛的电视转播权和广播权属于体育联合或奥委会”；“由职业联盟或职业俱乐部发起的体育比赛，上述权利属于这些职业单位”。

虽然体育赛事转播权在我国尚未成为一个法律概念，但在以下的这些规范性文件中，都承认了体育赛事转播权的存在。

---

① 参见张玉超、李卫红《我国体育赛事新媒体转播权的法律保护》，载《体育学刊》2011年第4期。

② 参见马法超、郭锐《我国体育赛事转播权有关问题研究》，载《河北体育学院学报》2008年第4期。

③ 参见周进强《我国职业体育俱乐部经营中的若干法律问题》，载《天津体育学院学报》2001年第1期。

2003年的《中国足球协会章程》第四十三条第一款明文规定了有关转播权的问题，“根据《国际足联章程》，中国足球协会及其会员协会、会员俱乐部在足球比赛中，拥有通过电视和广播进行直播、缓播或选播的权利”。2005年修改后的《中国足球协会章程》第三十条明确规定：“出售广播电视转播权收入是中国足球协会的主要经费来源之一。”2000年1月24日，下发了《国家广播电影电视总局关于加强体育比赛电视报道和转播管理工作的通知》。该通知规定，奥运会、亚运会、世界杯足球赛、全运会、城运会和少数民族运动会在我国境内的电视转播权统一由中央电视台负责谈判和购买；其他体育比赛的电视转播权，各电视台应本着公平、合理的原则购买或转让。这标志着广电部门首次对体育比赛直播意义上的电视转播权存在的正式认可。2000年3月31日，下发了《国家体育总局关于电视转播权管理有关问题的通知》。该通知指出，根据国际惯例，体育比赛的电视转播权属于比赛主办单位。以上的规范性文件和社会事实都表明，体育赛事转播权具备了社会典型公开性的标准。

无论国内外对体育赛事转播权在法律上有没有做出规定，它也许不是一个法律概念，但体育赛事转播权具有支配性、排他性，除法律另有规定外，未经所有者许可，任何人不得以营利为目的实施其权利，具有排除效能。它是一种垄断性权益，具有明确的利益内容，就是许可他人通过有线和无线向公众传播如奥运会一类体育赛事的权利，具有归属效能。这种权利的存在已经能够为一般人所感知，作为一项公认的民事权利，并且获得广泛的社会文化认同，具备了社会典型公开性标准。所以，体育赛事转播权应属于侵权法意义上的权利，而不是侵权法意义上的利益。

三、将体育赛事转播权界定为侵权法上权利的实践意义

权利有确定的内容和边界，可以积极行使和主张，往往能得到民法的刚性保护；而利益的内容不确定，边界不清晰，只能受到消极保护，不可能为其提供权利般全面的保护。随着我国民法学界从德国民法学那里找到了权益区分的可靠方法，在今后的司法实践中，权益区分方法将逐渐被我国法官通过法律解释运用到民事侵权案件中，体育赛事转播权作为一种有权利之实而无法律之名的权利完全可以适用侵权法给予权利的原则保护，而非权利之外利益的例外保护。另外，我国《侵权责任法》第二条中对民事权益的内容也进行了开放式的规定："本法所称民事权益，包括生命权……继承权等人身、财产权益。"其中"等人身、财产权益"的用语表明我国立法并没有想通过列举涵盖所有的权利，同样吸收了德国民法典的立法经验，为了能适应复杂的社会生活，采取了开放式的立法态度。在侵权法的司法实践中，法官可以通过司法解释，将体育赛事转播权作为其权利给予相应强度的法律保护。

由于体育赛事转播权属于侵权法意义上的权利，依据我国民事侵权法的法理和判例，在司法实践中，如果体育赛事转播权遭到侵犯，则会发生民事侵权责任，可根据权利的侵权责任构成要件来确定，以过错作为归责的最终构成要件，并且以过错大小作为确定责任范围的重要依据。具体的法律依据是《侵权责任法》第六条："行为人因过错侵害他人民事权益，

应当承担侵权责任”；第三十六条：“网络用户、网络服务提供者利用网络侵害他人民事权益的，应当承担侵权责任。网络用户利用网络服务实施侵权行为的，被侵权人有权通知网络服务提供者采取删除、屏蔽、断开链接等必要措施。网络服务提供者接到通知后未及时采取必要措施的，对损害的扩大部分与该网络用户承担连带责任。网络服务提供者知道网络用户利用其网络服务侵害他人民事权益，未采取必要措施的，与该网络用户承担连带责任。”我们都知道，对于媒体记者通过电视现场直播体育赛事，比赛组织者比较容易管理和控制，电视台媒体往往会和比赛组织者签订许可合同。但在现代信息技术条件下，移动终端非常普及，每个人都是传播者，如一些观众在比赛场地内用高清数码摄像机偷拍比赛场面，并通过便携式设备在网络上实时转播，或者拍摄完后将其拍摄的视频文件传到视频网站上供网民点击播放。近年来，视频网站成为互联网上的主角，为了达到收取广告费的营利目的，不少视频网站提供大量体育赛事的视频供网民免费点击播放，已经司空见惯。视频行业有个大家都熟知的潜规则，即所谓“网友上传”，实质上是由网站方假借网友上传的名义，自行组织人力进行上传。所以，在如今的信息时代，体育赛事转播权是很容易遭到侵犯的。北京奥运会期间，我国政府提出“奥运会有权才能转播”，主要防范的是通过网络非法转播奥运会比赛。[①] 如果有观众是或装作是 DV 爱好者，他拍摄体育比赛过程不是为了个

---

① 参见阎晓宏《奥运新媒体转播拷问版权保护意识》，见中国新闻出版网（http：//www. chinaxwcb. com/index/2008 ~05/15/content_120244. htm），2012 年 7 月 9 日访问。

人欣赏，而是将其上传到网站上，这种行为就是一种侵权行为，不需要体育赛事转播权是法定权利才认定为侵权。网站如果知道这种上传行为而没有采取必要措施，则承担共同侵权责任。比如，我们都知道中央电视台在直播国内外体育赛事中的主导地位，中央电视台直播的同场体育比赛如果未经许可而在一些网站上播放，虽然不是盗播中央台的电视信号，是由他人现场拍摄传到网站上，但仍然可以直接认定这些网站侵权。

结　语

近年来，随着中国体育产业化的发展，体育赛事转播权急需得到适当周延的法律保护，这是一个迫切的现实问题，也已经成为不少体育法学者的研究课题。而体育赛事转播权的法律性质决定了保护的法律路径和受保护力度，本文希望提供一种思考体育赛事转播权法律性质的思路。体育法学作为一门体育与法学交叉的学科，需要法学的理论支持，将法学研究中前沿的、成熟的理论运用到体育领域，为解决其中的法律问题提供法理支持，推进体育法学的研究，是体育法学者的责任。

体育赛事转播权的法律保护路径

体育赛事转播权的研究一直是体育法学界研究的热点，也是难点，但专门研究体育赛事转播权如何进行法律保护的文献并不多见。代表性论文是2011年张玉超、李卫红合写的文章[①]。作者在文中阐述了体育赛事新媒体转播权的主体、客体和内容，但有些先入为主。事实上，体育赛事转播权并不是我国的一项法定权利，何谈体育赛事新媒体转播权。该文还指出，网络非法直播体育赛事的行为是侵权行为，但没有给出解释和论证。其实，根据侵权法的一般原理，侵权行为的成立是要以违法性要件为前提[②]，我国法律并没有保护体育赛事转播权的明确规定，说非法直播体育赛事的行为是侵权行为，需要我国最高司法机关对我国侵权责任法列举的民法权利进行扩大的法律解释，方能获得法律上的支持。另外，体育赛事转播权的法律性质在法理上无法确定。在我国现行法律框架内，体育赛事转播权不能作为一项绝对权利被我国民法涵盖和吸收，故

① 张玉超、李卫红：《我国体育赛事新媒体转播权的法律保护》，载《体育学刊》2011年第4期。

② 参见王利明《中华人民共和国侵权责任法释义》，中国法制出版社2010年版，第3页。

得不到直接的民法保护。总体上，我国学界缺乏对体育赛事转播权法律保护问题的深入探讨。

需要说明的是，在我国现行法律体系中，并没有体育赛事转播权的概念，“体育赛事转播权”仅仅是媒体和大众对播送体育比赛行为约定俗成的说法。事实上，直播意义上的转播权和字面意义上的转播权在法律上是两种性质完全不同的权利。二者之间的概念区分已经有学者进行了比较研究。[①] 字面意义上，体育赛事转播权属于邻接权中的广播组织权，可以得到著作权法的保护，学界的观点基本一致，有争议的主要是直播意义上的转播权。本文中研究的体育赛事转播权是指直播意义上的体育赛事转播权。国内外对体育赛事转播权的法律性质目前也没有确切的界定，因而无法准确界定体育赛事转播权的法律性质。[②] 直播意义上的体育赛事转播权指的是比赛组织者举办体育比赛时允许他人现场拍摄、录像向公众传播据此获取报酬的权利。

本文围绕体育赛事转播权遭到侵害时该如何给予法律保护，讨论以下问题：①《中华人民共和国合同法》（简称《合同法》）保护体育赛事转播权的正当性及局限性；②《合同法》保护体育赛事转播权的具体法律路径。本文的研究意义：讨论体育赛事转播权的法律保护问题是一个较为复杂的问题，本文将围绕体育赛事转播权如何给予法律保护这一前沿问题进行讨论，希望能推进对该问题的学理研究；我国正在从一个体

---

① 参见蒋新苗、熊任翔《体育比赛电视转播权与知识产权划界初探》，载《体育学刊》2006 年第 1 期。

② 参见于善旭《我国体育无形资产法律保护的研究》，北京体育大学出版社 2009 年版，第 130 页。

育大国向体育强国迈进，还要举办不少国内外重大赛事和办好一些品牌联赛，这个课题的研究可以为我国如何对体育赛事转播权进行法律保护提供理论参考。

体育赛事转播权属于一种财产利益。而对于某种财产利益的民法保护，概括说来，主要有两种路径。一是直接保护路径，该类法律可以是民法典，亦可以是民事特别法。但由于无法确认体育赛事转播权的法律性质，根据现行民事法律规定的权利体系，不可能给予其绝对权的法律保护。二是间接保护路径，即虽不明确某种利益为权利，但通过规制某种违约行为或侵权行为，对受侵害的财产利益提供法律保护，该类法律主要是合同法和侵权法。绝对权之外的利益原则上不是侵权法保护的对象，只有在法律有明文规定的特定情形下才给予例外保护，所以，在无法律依据的情况下侵权法保护的路径很难行得通。下文将考察运用《合同法》能否为保护体育赛事转播权提供一个可靠的法律路径。

一、《合同法》保护体育赛事转播权的正当性及局限性

（一）《合同法》保护体育赛事转播权的正当性

媒体记者要进入比赛现场拍摄比赛实况，往往需要征得比赛组织者的同意，并向比赛组织方支付相应的报酬。比赛组织者如果同意媒体记者进入比赛场馆，往往与媒体签订相应的合同，对双方的权利义务进行规范。此种合同可以约定，不经比赛组织者的同意，媒体记者不得进行现场直播，也不得以其他方式向公众传播。在这种合同约束下，赛事组织者对于赛事转

播享有合同权利。如果媒体记者不经同意进行现场直播或录音录像，则构成违约。同时，比赛组织者有权要求媒体在何种范围内进行传播以及以何种方式进行传播。比赛组织者不可能禁止观众携带拍摄设备进入比赛场馆，因为这样会过分限制公民的个人自由和新闻自由。但通过合同可以约束观众，观众入场是需要门票的，比赛组织者一般在观众买票时将相应的条款写到门票上，或在观众购票时要求观众在观看比赛时遵守相应的规则，只有观众同意这些条款或规则，才能购票并进入比赛现场。这些规则中可以包括未经组织者同意，不得以特定设备进行录音录像或公开传播比赛实况。如果在比赛中，观众或作为观众身份出席的媒体记者违反相应的规则，也就构成违约。问题在于，如果违约者不愿意承担相应的违约责任，比赛组织者是否可以依法追究录音录像者或传播者的法律责任？

对于这个问题，有学者认为，由于体育赛事转播权没有法律依据，通过合同转让体育赛事转播权的行为一旦发生纠纷，就很难对比赛组织者的利益进行保护。[①] 也有人认为，体育赛事转播权通常由体育比赛举办者通过合同转让给电视台等机构来开发，在法律对体育赛事转播权还未明确的情况下，《合同法》可以提供相应的法律保护。[②]

所以，我们有必要讨论一下，《合同法》能否对体育赛事转播权提供保护。我们都知道，《合同法》属于典型的私法，

---

① 参见徐康平《试论体育比赛的知识产权化——从电视转播权的交易谈起》，载《北京工商大学学报》2008 年第 4 期。

② 参见马法超《体育相关无形财产权问题研究》（博士学位论文），北京体育大学 2007 年，第 98 页。

而私法规范的主要领域是交易社会，交易的本质就是利益之间的相互交换与互相限制，如劳动合同会限制员工的人身自由。在对他人利益进行限制时，私法不可能实现每一项合同权利（即对相对方利益的限制手段）都有法律上的依据，不可能要求每一项合同标的都有法律上的明确依据，如果这样，基本上等于宣告私法的死亡。事实上，体育比赛转播权交易几乎天天都在进行，尽管法律没有给体育比赛组织者设定这样一种权利，但体育组织者和商人们仍在进行着体育赛事转播权转让的交易。这种交易的内容往往包括：比赛组织者拥有对比赛进行商业开发的权利，包括许可进行直播、报道的权利；电视等媒体付报酬以取得转播权；取得转播权的媒体进行直播或转播权再转让，通过广告收入和付费观看等获利。我们看到，即使体育赛事转播权没有法律依据，交易也在顺畅地进行着，而且几乎很少为此产生争议，就是因为受着合同法的调整和保护。洛克的劳动与财产关系的理论学说认为："他的身体所从事的劳动和他的双手所进行的工作，我们可以说，是正当地属于他的。所以，只有他使任何东西脱离自然所提供的和那个东西所处的状态，他就已经掺进他的劳动，在这上面掺他自己所有的某些东西，因而使它成为他的财产。"① 劳动财产理论对以后的财产权理论影响深远，"这种基于劳动的财产理论被认为是洛克对法理学作出的最重大贡献"②。举办体育赛事，尤其是

① （英）约翰·洛克：《政府论两篇》，赵伯英译，陕西人民出版社2004年版，第144～149页。

② 郑成思：《知识产权——应用法学与基础理论》，人民出版社2005年版，第2页。

像亚运会、奥运会这样的综合性大型运动会，主办者从场地、器材、设备到策划、组织、接待都需要大量的投入，运动员在比赛场上为奉献精彩的比赛也撒下了辛勤的汗水，因此一场精彩的体育赛事是体育组织者、运动员以及相关人员辛勤的体力劳动和脑力劳动的结晶。体育赛事转播权没有成为法律上明文要保护的权利，但也不被法律所禁止，作为一种正当的财产利益，仍可以成为有效合同的内容。国际惯例之所以承认体育比赛组织者享有体育赛事转播权，这是因为在体育赛事的市场价值突显之时，出于市场交易的便利需要，体育赛事转播权归属体育比赛组织者较为合理。这如同电影作品和以类似摄制电影的方法创作的作品，为了降低交易成本，促进作品的传播与利用，满足社会福利之需，著作权归属制片人。《合同法》以意思自治为原则，使当事人自主决定交易事项，最大限度地激发当事人积极追求经济效益。[①] 对于体育比赛组织者与广播组织达成的转让体育赛事转播权的协议，根据合同自由的原则，只要这种转让行为不违反国家法律、行政法规的强制性规定，或损害社会公共利益，就可以认定为有效，受到《合同法》的法律保护。

（二）《合同法》保护体育赛事转播权的局限性

在传统环境下，《合同法》的保护在实践效果上比较周延，很少出现侵犯转播权的纠纷。这是因为电视媒体技术受到很大限制，传统的拍摄、录制和传输设备都比较大，对操作技术的要求也比较高，很容易被比赛组织者发现，在比赛组织者

① 参见崔建远《合同法》，法律出版社 2007 年版，第 97 页。

的阻止下，偷拍比赛现场很难做到。通过《合同法》保护体育赛事转播权比较容易做到，对新闻记者、观众、运动员和教练员等通过合同和保密协议进行管理就可以解决。

但在网络环境下，情况就不一样了，信息技术的高速发展和互联网的普及，人们通过网络传播信息变得十分容易。如今只需要如下条件就可以实现对比赛的网络现场直播：一个在比赛现场的人携带高清数码摄像机和可以无线上网的电脑就可以实现体育比赛的网络直播。飞速发展的拍摄和传输技术，不但对公民的隐私权构成了威胁，而且对商业利益的冲击也很大。目前，有些网络用户通过虚拟身份向互联网上传一些自拍或转贴的各种体育赛事视频。在数字网络技术如此发达的现代，对体育比赛的偷拍和传播是很平常的。对于此种现象有学者曾经指出其背后隐含着对体育赛事转播权的侵犯，存在着需要探讨和解决的法律问题。[①] 信息技术的发展使得自拍体育赛事并上传到网络变得容易，比赛组织者的体育赛事转播权遭到了潜在的威胁。

如果一些观众在比赛场地内用高清数码摄像机偷拍比赛场面，并通过便携式设备在网络上实时转播或者拍摄完后，将其拍摄的视频文件传到网站上供网民点击播放；而这场比赛已经被比赛组织者特许给一家有线电视台独家转播，这家电视台将该比赛节目放在收费频道上，关心比赛的许多体育爱好者为了省钱，不去看电视，而在网站上观看，电视台的利益就会受损。根据合同的相对性原理，合同仅在合同当事人之间有效，不具

① 参见徐康平《试论体育比赛的知识产权化——从电视转播权的交易谈起》，载《北京工商大学学报》2008 年第 4 期。

有对抗第三人的法律效力。比赛组织者和电视台都不能基于合同要求网站承担违约责任。事实上，不少体育赛事提供给社会名流、相关人士的非出售票占了一部分，对于这部分未买票入场者的观众很难通过合同约定给予约束。在信息时代，每个人都可能是传播者，移动终端的普及使合同法保护存在着困境。

在我国现行的法律体系内并没有规定体育赛事转播权，比赛组织者和电视台也不能基于法律的规定要求对方承担侵权责任。近年来，视频网站成为互联网上的主角，不少视频网站提供大量体育赛事的视频供网民免费点击播放，已经司空见惯。视频行业有个大家都熟知的潜规则，即所谓“网友上传”的内容，实质上是由网站方假借网友上传的名义，自行组织人力进行上传。在这种情况下，保护体育赛事转播权无法律依据。合同法适合于当事人对体育赛事转播权有约定的场合，适用的范围有限，并不能圆满实现保护体育赛事转播权的目标。

二、保护体育赛事转播权的具体法律路径

体育赛事转播权作为比赛组织者拥有的一种正当财产利益，可以成为合同约定的权利，得到合同法的保护，而这种保护路径属于间接的民法保护，通过保护合法有效的合同，从而保护合同的权利和义务。但通过合同约定产生的权利，是债权。债权是一种相对权，只能向特定的义务人主张权利的实现。民法上直接规定的权利往往是绝对权，绝对权不能由当事人约定产生。此谓权利法定原则，如民法上的物权、著作权、专利权等。由于无法定位体育赛事转播权的法律性质，将其作为一项绝对权，通过现行的《民法通则》、民事特别法保护它是行不通的。

我国《民法通则》规定的绝对权包括三大类，即物权、知识产权和人身权，这三类权利都涵盖不了体育赛事转播权。我国属于大陆法系，立法强调理性设计，逻辑严谨，系统安排，由于无法完成理论上的逻辑自足，体育赛事转播权在法理上很难将其归类到我国民法中的绝对权体系，在绝对权中创设体育赛事转播权作为一种新型的民事权利也很难行得通。这也是世界上很多国家没有在法律上明确规定体育赛事转播权的原因。

由于体育赛事转播权不能作为一项绝对权利被我国民法涵盖和吸收，但伴随着我国体育商业化的不断发展，出售体育赛事直播权已成为体育组织一项非常重要的经济来源。正因为如此，体育赛事直播权的保护问题便凸显出来，需要得到适当周延的法律保护。故本文认为：我国《体育法》可将体育比赛转播权及其归属固化下来，作为我国今后健康发展体育赛事转播权市场的法律依据。《体育法》将体育赛事转播权给予明确的保护性规定可以撇开讨论体育赛事转播权的法律性质，将体育比赛转播权以法律的形式给予确定。国际上不少国家都是采取这样的做法。例如，法国关于体育的基本法《新法》第十八条就明确规定了开发体育比赛的权利属于比赛的组织者，而撇开了体育赛事转播权的法律性质为何；危地马拉《体育、运动、娱乐法》第一百五十五条规定，“国内比赛的电视转播权由单项协会授予。国际比赛的电视转播权和广播权属于体育联合会或奥委会”，“由职业联盟或职业俱乐部发起的体育比赛，上述权利属于这些职业单位”。[①]

---

① 参见徐康平《试论体育比赛的知识产权化——从电视转播权的交易谈起》，载《北京工商大学学报》2008 年第 4 期。

我国目前以国家体育总局部委规章的形式确立体育赛事转播权的存在和权利归属，有些不妥。第一，绝对权的设定属于民事基本制度的范畴，在法律上规定一项绝对权，根据《中华人民共和国立法法》和这么多年的立法实践，往往是通过法律的形式来确定，部委规章的立法位阶尚不够规定绝对权，因为法律确定一项绝对权，意味着对权利人的保护，同时也意味着对除他以外任何人的一种自由限制。第二，国家体育总局的《关于电视转播权管理有关问题的通知》将体育赛事转播权的保护范围局限于电视转播权，显然不能适应网络环境下体育赛事转播权保护的现实需要。《体育法》是我国体育领域的基本法、综合法，它具备确认和吸收权利的立法位阶，完全可以把体育赛事转播权的主体和范围以法律的形式固定下来。体育赛事转播权是竞技体育产业的支柱，而在我国体育法中没有明确的规定，这对我国体育产业的发展是不利的。有人曾建议我国立法尽快明确规定对体育比赛电视转播权的保护①，但必要性不能替代可行性，法律上确定一项权利需要进行可行性的论证。

三、体育赛事转播权被体育法确立的可行性

体育赛事转播权在我国尚未成为一个法律概念，但在一些规范性文件中，都承认了体育赛事转播权的存在。

体育赛事转播权以前主要指电视转播权，但互联网的兴

---

① 参见熊任翔《论体育比赛电视转播权的国际保护》（博士学位论文），湖南师范大学2004年，第40页。

起，使体育传播获得了新的媒体。网络媒体转播体育赛事在我国发展历程不是很久，但它却受到体育观众和体育组织者的广泛关注。目前，网络媒体转播体育赛事就是指利用网络电视、手机电视、车载电视或者其他移动终端或平台进行体育比赛的动态图像和声音的传播，使一定的用户可以通过电脑、手机、车载电视机等设备接收到体育比赛动态图像和声音。目前，国际上正在开发体育赛事的新媒体转播权。例如，2006 年 1 月 26 日，上海文广新闻传媒集团下属东方宽频传播有限公司宣布获得 2006 年德国世界杯足球赛网络传播权，成为在中国境内宽带和手机网络视频播放世界杯赛事的唯一合法网站。中央电视台是 2008 年北京奥运会中国内地电视直播权的权利人，其下属单位央视国际网站取得了通过互联网及移动平台转播奥运会节目的权利。近年来，随着电视台对新媒体产业的重视，世界范围内有实力的电视台纷纷建立自己的官方网站和网络视频转播平台。国际体育组织也倾向于将电视和新媒体转播权打包销售给持权转播机构，销售价格借此再上一个台阶。随着网络在我国的普及，我国民众通过互联网收看体育比赛的视频已经成为球迷们关注比赛的重要途径，每天我们打开搜狐、新浪、腾讯等网站的主页，就会发现很多视频在直播国内外的重要体育赛事。通过网络播放体育赛事使得电视垄断转播权的地位受到挑战，并且网络转播具有移动性、互动性、个性化的特点，其优点已经初见端倪，已经成为体育赛事转播的新媒体。电视转播和新媒体转播仅是播放的形式不同，本质上都是向公众传播体育赛事的，体育赛事转播权包括新媒体转播权应是其应有之义。如果不保护体育赛事新媒体转播权，则会削弱新媒体直播体育赛事节目的积极性，不利于社会公众对体育节目信息的获取。早在北京奥运会将要举行之前，如何在版权保护的前提下让体育赛事传播扩大化，就成为公众关注的话题。国家有关部门与奥运新媒体传播者代表共同发出呼声：向互联网等新媒体盗版说不，并且鲜明地指出通过网络“非法转播体育赛事是侵权行为”，要求网站经营者转播体育比赛需取得版权人的许可。当然，说非法转播体育赛事是不是侵权行为在法律上是值得商榷的。

有关规范性文件和社会事实都表明，体育赛事转播权已经获得了广泛的社会认同，完全具备立法的可行性要件。随着我国学者对德国民法理论研究的深入，已经从德国民法学那里找到了确定绝对权的理论标准。德国民法学对绝对权提出了“归属效能”、“排除效能”和“社会典型公开性”三个理论标准。[①] 归属效能的核心在于将确定的利益内容归属于特定主体；排除效能的核心在于主体得排除他人的一切非法干涉；社会典型公开性的核心在于使社会一般主体有识别利益客体的可能性，从而兼顾潜在加害人的行为自由。同时符合这三个标准的，为民法上的绝对权。[②] 体育赛事转播权具有独占性、排他性，除法律另有规定外，未经所有者许可，任何人不得以营利为目的实施其权利，具有排除效能。它是一种垄断性权益，具有明确的利益内容，就是许可他人通过有线和无线向公众传播体育赛事的权利，具有归属效能。这种权利的存在已经能够为

---

① 参见（德）冯·巴尔《欧洲比较侵权行为法》（上册），张新宝译，法律出版社 2001 年版，第 18 页。

② 参见于飞《侵权法中权利与利益的区分方法》，载《法学研究》2011 年第 4 期。

一般人所感知，作为一项公认的民事权利，并且获得广泛的社会文化认同，具备了社会典型公开性标准。所以，体育赛事转播权应属于民法上的绝对权利，具备了权利法律化的条件。

另外，法律要保护体育赛事转播权，意味着对新闻自由的一定限制，为了平衡比赛组织者和新闻组织的利益，法律也需规定新闻组织拥有对体育比赛正常报道的基本权利。例如，法国新的体育法就规定了组织者转让体育比赛的转播权不得阻碍其他传播机构向公众传播消息，赛事组织者或转播权的受让者不得禁止新闻记者自由进入比赛场地。当然，在明确比赛组织者拥有体育赛事转播权的同时，也要注意对公民言论自由权的考虑。可以规定，观众为了个人欣赏，现场可以拍摄或录制一定时间之内的比赛影像，但未经权利人许可不能将这些拍摄或录制的比赛影像进行商业化使用或者通过网络等媒体向公众传播。毕竟，体育赛事在商业化的同时，仍然具有一定的公益性，法律既要保护赛事组织者的利益，也要在公民言论自由权、新闻自由权和比赛组织者权利之间做出利益平衡。

中国广播组织网络传播权的法律保护

——从央视诉网络公司侵犯奥运转播权案切入

一、央视诉网络公司侵犯奥运转播权案

2007年12月18日，中国中央电视台（CCTV）正式与国际奥委会签约，宣布央视国际网络有限公司，即CCTV的新媒体平台（CCTV.com）（简称“央视网”）成为北京奥运会官方互联网/手机转播机构。这是中国中央电视台继获得北京奥运会电视转播权之后获得的另一项重要的奥运会转播权益。根据国际奥委会的授权要求，央视网传播的地域范围限制在中国内地和澳门地区，它也是唯一一家拥有中国内地和澳门地区奥运新媒体转播权益的机构，同时国际奥委会要求央视网限制内容下载、超期限使用以及打击盗链等非法传播行为。

在奥运会前，央视网宣布了《2008年第二十九届奥运会互联网公益性传播授权协议》的名单，获得此资质的媒体可以通过视频页面链接、播放器或页面嵌套等方式传播奥运相关授权内容，即对新媒体转播权进行二次售卖。据此，搜狐、新浪等九家网络新媒体获得了授权，并为此付出了不小的成本，而某网络技术有限公司（简称“网络技术公司”）未经授权擅

自播放。后来，央视网则以侵犯奥运转播权为由将某网络技术公司告上法庭。

央视网诉称：2008 年 6 月 30 日，网络技术公司网站的直播频道在线实时转播了中央电视台“CCTV - 奥运频道”的“体育中心特别节目：与圣火同行”，播放内容为宁夏吴忠市奥运圣火传递活动。网络技术公司的网站服务器由某网络科技股份有限公司（简称“网络科技公司”）提供。而上述节目已由中央电视台授权给本网站独占行使通过信息网络向公众传播的权利，中央电视台和本网站为此花费巨大的人力、物力和财力。而网络技术公司和网络科技公司未经本网站许可就通过信息网络向公众实时转播，严重侵犯了本网站的合法权益，给本网站造成了重大的经济损失。故请求法院判令：①二者停止侵权；②网络技术公司在其经营的网站主页及《中国电视报》上发表声明，向本网站公开赔礼道歉；③二者赔偿本网站的经济损失等人民币 210 万元。

网络技术公司辩称：对于这一情况，我公司不存在故意，但确有监管不力之责。为此，我公司已经在奥运会正式开赛之前，对涉及违反奥运版权的内容进行了清理和实时监控，并成立了专门的奥运监控小组，对下载内容实施 24 小时监控，对可能侵犯奥运版权的内容进行处理。因此，根据《信息网络传播权保护条例》的规定，我公司应当免责。[①]

上海市第二中级人民法院在审理该案过程中，原告央视网以与被告网络技术公司、网络科技公司达成和解为由，于

① 《奥运侵权首案央视状告某网络技术公司索赔 210 万》，见中国金融网（http：//www. active. zgirw. com/），2008 年 8 月 15 日访问。

2009年2月1日向法院申请撤回起诉。[①] 法院认为，原告央视网的申请符合法律规定，可予准许。故依照《中华人民共和国民事诉讼法》第一百三十一条第一款的规定裁定：准许原告央视网撤回起诉。

本案争议的焦点在于网络技术公司的行为是否侵犯了中央电视台的体育赛事转播权，但这里的体育赛事转播权不是直播意义上的电视转播权而是字面意义上的体育赛事转播权。

直播意义上的体育赛事转播权和字面意义上的体育比赛电视转播权的性质在法律上是两种完全不同的权利。界定体育赛事转播权的法律性质，是开展体育赛事转播权学术研究和保护体育赛事转播权的基础。

字面意义上的电视转播权实际上是《著作权法》中的一种邻接权，这在学界已经达成共识。邻接权在我国又被称为作品传播者权或与著作权有关的权利，是指作品传播者对在传播过程中产生的成果依法享有的专有权利。电视转播包括首次播出，是指与现场比赛等活动几乎同步的首次播出，即现场直播，并包括现场直播者把自己的节目信息同时传输给其他企业在同一时间播出，如湖南卫视转播中央电视台的体育赛事节目。字面意义上的转播权是与直播权意义上的转播权有关的权利，它可以说是在传播没有被著作权法界定为作品的体育比赛等活动过程中产生的智力成果而依法享有的权利。直播权意义上的电视转播权一般是由体育俱乐部、体育比赛举办者为最初所有者，制作电视节目的电视机构首先得向前者购买直播权意

---

① 《奥运侵权首案央视状告某网络技术公司索赔210万》，见中国金融网（http://www.active.zgirw.com/），2008年8月15日访问。

义上的电视转播权，然后才能在现场摄制电视节目，这些节目制作与播出几乎是同时进行的。

电视台录制的体育比赛直播节目凝结了制作者智力劳动，是我国《著作权法实施条例》中所称的以类似摄制电影的方法创作的作品、录像制品，制作者对它享有著作权，受著作权法保护。字面意义上的转播权的主体是电视节目的制作者而非体育组织所有的体育竞赛，客体保护的是经电视台加工、解说、剪接、合成之后的体育比赛电视节目，也就是体育比赛电视节目制作者对自己制作的电视节目享有著作权。

随着科学技术的发展，在奥运会转播问题上也出现了利用网络、视频以及手机转播奥运会的问题，无疑这种发展会使得对于体育赛事转播权在新媒体环境中获得法律保护成为一个重要的问题。在上述案例中，中央电视台是我国境内唯一得到国际奥委会授权转播2008年北京奥运会的电视和新媒体转播机构，为2008年北京奥运会官方互联网/手机转播机构，但根据我国版权法，中央电视台作为一个广播组织并不享有对奥运赛事进行网络传播的权利。我国的《著作权法》中虽有关于电视台对其录制的电视节目享有允许他人转播的权利，但没有使用电视转播权的概念，这是可以理解的，因为它还要保护与邻接权意义上的电视转播权相似的其他权利。所以，下面要讨论的是广播组织网络传播权法律保护的问题，它涵盖了字面意义上体育赛事转播权在网络环境下的法律保护问题。

二、我国法律在打击网络盗播方面存在的问题

随着信息技术的发展，通过网络盗播广播组织的节目信号

越来越容易，我国《著作权法》并没有规定广播组织的信息网络传播权，广播组织的权利没有覆盖到信息网络领域。从国内的司法实践来看，网络盗播纠纷则呈日渐增多趋势。由于没有法律依据，法院在审理此类案件时所面临的困惑日益突出，导致实践中广播组织遭受侵权无法获得救济的情形大量存在，这直接影响到中国广播电视产业的健康发展。例如，2008 年北京奥运会期间，不少国内外的网站都盗播了中央电视台的体育比赛节目信号，并在其中插播了自己的广告，从而分流了相当多的电视观众，降低了央视的收视率。互联网上的盗播形式主要有两种：一是将央视电视信号进行技术转换，然后在互联网上对全世界同步直播；二是将央视电视信号录制后切成若干个片断，上传至网络服务器或者播客服务器，供网民点播收看。

目前，国际条约对广播组织的保护还没有拓展至网络环境，《世界知识产权组织表演和录音制品条约》仅为表演者和录音制作者规定了通过网络向公众传播的权利，却没有为广播组织规定相同的权利，这就是为什么我国《著作权法》也没有规定“广播组织有权许可或禁止通过信息网络传播其播出的节目”。[①] 我国 2006 年颁布实施的《信息网络传播权保护条例》第一条明确规定，信息网络传播权的主体也就是权利人为著作权人、表演者、录音录像制作者，并不包括广播组织。为了研究的方便，以下称广播组织的信息网络传播权为“广播组织网络传播权”。

网络传播是信息技术革命的产物，为了防止网络盗播行

① 参见王迁《知识产权法教程》，中国人民大学出版社 2007 年版，第 228 页。

为，国际社会正考虑对广播组织网络传播的权利给予立法保护。网络传播问题是新问题，由于各国经济、文化和信息技术发展水平的不同，所以需要结合本国的实际分析广播组织网络传播权存在的问题和如何实施法律保护，本研究可为我国广播组织网络传播权的法律保护提供理论支持和制度对策，弥补国内在这一领域研究的不足。中国是广播电视产业大省，网络传播在我国发展迅速，广播电视产业急需知识产权法的适当保护。本文为打击网络盗播和保护广播组织网络传播权提出法律对策，推动我国广播电视产业的健康发展。

三、国内外研究现状

关于广播组织网络传播权的研究，笔者目前尚未发现有关专著，研究广播组织权利保护的文献有一些，如 2007 年胡开忠《信息技术发展与广播组织权利保护制度的重塑》、2010 年李小侠《利益平衡视角下广播组织邻接权制度的完善》、2010 年相靖《广播组织权利限制制度的探讨》等文章①，但这些文章并没有对广播组织的网络传播权进行细致的专题研究。

邢瑜的《论信息网络条件下对广播组织知识产权的保护》是研究信息网络条件下对广播组织知识产权保护的专题论文。作者建议在法律上明确广播节目网络传播的性质定位，认为广

① 胡开忠：《信息技术发展与广播组织权利保护制度的重塑》，载《法学研究》2007 年第 5 期；李小侠：《利益平衡视角下广播组织邻接权制度的完善》，载《新闻界》2010 年第 1 期；相靖：《广播组织权利限制制度的探讨》，载《知识产权》2010 年第 3 期。

播节目到网上播放是从一种语言形式转换成另一种语言形式——数字语言或计算机语言，但这种转换只是机械地进行的，其中并没有包含任何创造性劳动，故网络播放不享有《著作权法》中的邻接权，而应该作为著作权中的复制权给予保护。[①] 笔者认为，作者的观点值得商榷。传播和复制应该是两个不同的概念：传播包含的意思是节目信息的传输与播放；而复制则是指以印刷、复印、拓印、录音、录像、翻录、翻拍等方式将作品制作一份或者多份的行为，并不包含作品节目的传输与播放的含义。故网络传播与复制是两种不同的行为，不能混为一谈，网络传播权与复制权是两种不同的权利。

有人认为不需要为广播组织规定网络传播权的理由一般是：当广播组织为创作者时，享有著作权，进而享有《著作权法》第十条规定的信息网络传播权，如果网站未经许可播出其作品，广播组织可以直接以著作权人身份维权；当广播组织作为录音录像制作者时，享有《著作权法》第四十一条规定的邻接权，如果网站未经其许可转播节目的视频，广播组织可以直接以录像制作者的身份维权；对于广播组织既不是著作权人，也不是录制人，提供的是独创性不高的汇编、加工、整理、收集等节目，只是付出了播放这种劳动，可以依据《著作权法》第四十四条第一项的规定，扩大解释转播权的法律含义，包括网络传播的方式。这种不需要在广播组织中增加网络传播权的思路在维持现有法律规定不变的基础上肯定了广播组织对其传播劳动的权利应受到保护，与公共利益保护、反垄

① 邢瑜：《论信息网络条件下对广播组织知识产权的保护》，载《政治与法律》2005 年第 3 期。

断的角度有本质的区别。它有两个特点：一是依据广播组织提供的不同劳动区分《著作权法》上的主体身份；二是将对节目进行网络播放的行为视作转播，对转播权作扩大解释。这种思路的核心是在维持现有法律规定的基础上肯定广播组织网络传播的权利应受到法律保护。[①] 但这种思路只是理论上的机械思考，现实意义不是很大。因为：①广播组织播出的节目有可能是自己制作的，也有可能是支付报酬从权利人处购买的，无论其播放的是自己制作的还是别人的节目都要付出播放的劳动和成本，需要利用自己的器材、设备和技术等，不给予法律保护，有失公平。另外，若如此，《著作权法》也完全没有必要单设广播组织权作为一项邻接权来保护广播组织播放的节目。②盗播的技术基础是截获广播组织的播出信号，而非直接的作品或者制品；广播的特点是线性传播，具有连续性，不能从物理上人为分割，如何时何段是录像制品、何时何段是非制作项目，广播节目往往是作品、制品、信息、采编、制作、后期加工的综合产物，对这种综合产物的播出并不能做出精细的独立包装，不能完全适用传统的作品、制品的保护模式。③我国《著作权法》和世界知识产权相关公约中的“转播”是指一个广播组织的广播节目被另一个广播组织同时广播，强调的是两个广播组织之间的竞争关系以及同时传播，而不包括录制后播放、对播出节目在互联网上进行再利用等方式，显然，这个概念不能反映信息网络传播权的新特征。

广播组织权利保护制度诞生于20世纪中叶，这与当时无

① 参见张庆宇《对广播组织信息网络传播权主体地位的再思考》，载《科技与法律》2010年第5期。

线电广播、电视、录音、录像等一系列模拟式电子传播技术与媒介的相继出现密不可分。1961 年《保护表演者、录音制品制作者和广播组织公约》（又称《罗马公约》）以当时的技术条件为背景，确立了广播组织权利保护的国际规范并成为世界上多数国家立法的范本。当代信息技术的飞跃发展使盗播节目更加容易，以《罗马公约》为基础的广播组织权利保护制度越来越不能适应信息技术发展的要求，从 1998 年开始，世界知识产权组织版权及相关常设委员会连续召开多次会议，讨论并提出了有关广播组织权利保护的最新法律文本《世界知识产权组织保护广播组织条约草案》（SCCR/15/2）以扩大广播组织在网络领域的权利。

四、我国《著作权法》应增设广播组织网络传播权

网络传播技术的出现，对著作权法提出如下问题：传统的广播组织在互联网领域有没有专有权，对广播组织权的法律保护需要延伸至网络吗，是否要在《著作权法》中增设广播组织的网络传播权？除了前文“国内外研究现状中”已讲的保护广播组织网络传播权不能完全运用传统的作品、制品的保护模式的理由外，还有以下原因：①我国现行法律规定的转播方式仅限于无线转播和有线转播，其他转播方式并未规定在现行法之中，这没有反映出网络技术的发展要求。从未来的发展来看，越来越多的节目会通过互联网向社会公众传播，如果对这些传播方式不予以保护，则广播组织的权利是不完整的，其利益也不能得到充分的保护。②网络盗播是不公平竞争。随着信息网络技术的不断发展，互联网与广播电视、电信网进一步融合，

网络电视、手机电视等融合产物不断出现。这些新技术的应用，使得人们直接上网就可以欣赏到免费节目，这样电视台的巨额投资将不能得到相应的保护。我国正在推行“三网融合”，实现广播电视与网络的互相进入，传统广播组织与新媒体之间存在竞争与合作的关系，但合作应当以利益的公平分配为基础，在公平竞争的基础上才能实现合作。③有利于对影视作品、表演、音像制品的版权保护。近年来，视频网站成为互联网上的主角，不少视频网站盗播权利人享有版权的大量视频内容，已经司空见惯。但影视作品、表演、音像制品的权利人面临着比较苦难的维权问题，往往感到维权的力量不足。广播组织如果成为信息网络传播权的主体，其播放的广播节目如果未经许可录制并在视频网站上播放，就具备了诉讼原告的资格，可以增加反盗版联盟中的力量。基于以上理由，我国《著作权法》有必要增设广播组织网络传播权，以保护广播组织的利益。中央电视台关于2008年北京奥运会的赛事转播权都是通过与国际奥委会签订合法契约获得的，且在享受这些权益的同时，也有着众多的限制和为奥运产权保护所做出的承诺，中央电视台为了制作完成奥运报道相关节目付出了巨大的人力和物力。因此，其相应的奥运赛事新媒体转播权应当受到尊重和法律的保护。

五、广播组织网络传播权的主体、客体与内容

（一）网络广播组织在我国是否应得到保护

无论是无线广播组织，还是有线广播组织或网络广播组织，在实践中都遇到了广播节目信号被他人网络盗播的问题。为了打击盗播广播组织节目信号的现象，在20世纪60年代，

国际上通过了《罗马公约》来保护无线广播组织的权利。我国《著作权法》规定，广播的形式包括无线广播和有线广播，因此我国广播组织的主体既包括无线电台、电视台，也包括有线电台、电视台。近年来，国内较大的广播电台和电视台基本上都实现了网络广播，网络广播组织的广播节目信号也频频遭到盗播，因此网络广播组织也迫切希望能得到著作权法的保护，从而对其节目信号享有广播组织权。根据我国现有的科技、文化和经济水平，是否要对网络广播组织的利益进行保护，是一个有争议的问题。

胡开忠博士认为，在现阶段，我国不宜将网络广播组织纳入广播组织权的主体范围并给予其邻接权保护。这是因为，第一，目前我国网络产业刚刚起步，如果对网络广播给予较高的保护，可能会影响到我国网络产业的发展；第二，目前多数国家拒绝给予网络广播组织权利保护或给予其较低的保护，我国作为一个发展中国家，没有必要超出本国的经济发展水平而对其先给予保护；第三，不给予网络广播组织权利保护，有利于社会公众及时了解各类信息和学习各种知识，保障社会公众的言论自由权和正当利用社会文化成果的权利。[①] 笔者同意这种观点。除了以上原因外，我们都知道，一般情况下影视作品、表演、录音录像制品的版权人不会首先通过网络广播组织播放其作品、制品，而是在广播电视台、广播电台首次播出，电视台、电台自己制作或从版权人处购买的节目在电视台、电台首次播出后才被人传到网上，这时其实已经失去了商业价值。另

① 参见胡开忠《信息技术发展与广播组织权利保护制度的重塑》，载《法学研究》2007 年第 5 期。

外，网络广播组织在网上播出的节目，如果被别人录制再传到网上，相比较录制广播电台、电视台的节目，其播放效果较差，也很难有较大的市场。

（二）广播组织网络传播权的客体范围

我国《著作权法》第四十四条规定的广播组织权利的客体范围是“其播放的广播、电视”，这个规定过于笼统，不够严谨。根据这个规定，有学者解释说：“广播电视组织权的客体是广播电台、电视台播放的广播、电视，即通过载有声音、图像的信号以有线或无线方式播送的节目。”① 换言之，该学者认为，凡是广播组织所播放的节目，无论以什么形式播放出来，无论其是否属于作品，都可以受到《著作权法》的保护。广播组织所播放的节目既可能包含受《著作权法》保护的作品，也可能包含一些不受《著作权法》保护的材料以及处于公有领域的作品。不加区分地将所有的广播内容都作为受保护的对象显然不合适，因为对不受《著作权法》保护的材料或已处于公有领域的作品，社会公众均有权自由使用，因此《著作权法》不应给予保护；反之，会损害社会公众获取和利用处于公有领域的信息的权利，构成对公众言论自由权的侵犯。我国现在还是发展中国家，更加需要通过网络来传播信息资料，如果赋予广播组织对处于公有领域的材料以信息网络传播权，会妨碍公众通过网络对信息的合理获取和文化事业的进步。

---

① 李顺德等：《中华人民共和国著作权法修改导读》，知识产权出版社 2002 年版，第 157 页。

还有学者认为，广播组织权以作品著作权的存在为基础。[①] 笔者认为，广播组织权并不一定以作品著作权的存在为前提。广播组织播放的有可能是他人的作品、制品，也有可能是广播组织自己制作的作品、制品。《著作权法实施条例》第五条就录音录像制品的含义专门进行了解释以区别于作品，虽然没有给出区分制品与作品的标准，但说明作品与制品是《著作权法》保护的不同客体。《著作权法》第四条规定："著作权人行使著作权，不得违反宪法和法律，不得损害公共利益。"第五条规定："本法不适用于：（一）法律、法规，国家机关的决议、决定、命令和其他具有立法、行政、司法性质的文件，及其官方正式译文；（二）时事新闻；（三）历法、通用数表、通用表格和公式。"广播组织播放依法禁止出版、传播的作品，以及不受著作权法保护的材料，不会成为广播组织网络传播权的客体。这需要进行立法解释，广播组织如果播放违反宪法和法律、损害社会公共利益的录音录像制品，根据《著作权法》第一条的立法精神，显然这些制品是应该被依法禁止播放的，广播组织播放的这类节目不能成为广播组织网络传播权的客体。《信息网络传播权保护条例》第三条规定的"依法禁止提供的作品、表演、录音录像制品，不受本条例保护"，相比《著作权法》仅规定作品不受保护的范围，做出了扩大解释的规定。增设广播组织网络传播权，需要对我国广播组织权利保护的客体做出规定，不应当将不受《著作权法》保护的材料纳入其客体范围，必须是受《著作权法》保护的

① 参见胡开忠《信息技术发展与广播组织权利保护制度的重塑》，载《法学研究》2007 年第 5 期。

作品、制品。例如，电视台播放的体育新闻属于《著作权法》第五条规定的“时事新闻”，属于不受《著作权法》保护的材料，不能作为广播组织权利的客体；而电视台转播的体育赛事则属于受《著作权法》保护的制品，应当成为广播组织权利保护的客体。2010 年 11 月，雄鹿与火箭的“中国德比”在中央五套体育频道转播比赛的情况下，搜狐视频将五套播出的比赛实时转播，就属于网络盗播。

（三）广播组织网络传播权的具体内容

新技术的发展对于广播组织的权利保护提出了新的要求，网络环境下的转播问题、录制后在网上播送的问题、在网上提供已录制的广播节目的权利等新问题都对知识产权制度提出了新的挑战。这就涉及根据新技术的发展要求，如果我国《著作权法》要增设广播组织的网络传播权，那么要构建的广播组织网络传播权的具体内容有哪些？

1. 通过网络转播的权利

就转播权而言，我国现行法律规定的转播方式仅限于无线转播和有线转播，其他转播方式并未规定在现行法之中，这并没有反映信息网络技术的发展要求。从未来发展看，越来越多的节目会通过互联网向公众转播。例如，不少网站未经许可通过互联网转播电视台播放的重要体育赛事，如果对这种转播方式不予以保护，则广播组织的权利是不完整的，其利益也不能得到充分的保护。因此，建议《著作权法》在修改时应当将转播权解释为“以无线转播、有线转播及通过计算机网络转播在内的任何转播方式转播广播、电视节目的专有权”。

2. 录制后在网上播送的权利

《WIPO保护广播组织条约草案》第十四条规定了《罗马公约》所未规定的录制后播送的权利："广播组织应享有授权在其广播节目被录制后播送此种广播节目的专有权。"该条规定涉及录制后以任何方式进行的让公众接受的播送行为，当然也包括通过计算机网络进行的播送。根据该规定，即使广播节目被另一个网站合法录制下来，如果该网站打算播出该节目，仍需取得制作节目的广播组织同意。之所以增加该规定，乃是当前社会上存在着大量的将广播节目录制下来然后通过网络等方式非法播送节目的行为，损害了广播组织的利益。

3. 在网上提供已录制的广播节目的权利

针对日益严重的通过互联网随意传播广播节目的现象，《WIPO保护广播组织条约草案》第十五条规定了《罗马公约》所未规定的提供已录制的广播节目的权利。该条规定，无论是有线的、无线的方式，还是借助互联网络传播作品，都需要得到广播组织的同意。如果有人未经广播组织的许可，而将广播节目置于联网的个人计算机的共享文件夹中或上传到网络上供公众自由使用，都将构成侵权行为，应承担侵权责任。该条规定使广播组织有权对网络环境下随意传播广播节目的行为予以控制，从而保护其利益。

如果我国的《著作权法》给予广播组织网络传播权以保护，那么《信息网络传播权保护条例》也要进行修改。《信息网络传播权条例》是保护权利人享有的信息网络传播权的具体法律依据。《著作权法》增设广播组织的网络传播权，意味着广播组织将成为《信息网络传播权保护条例》保护的主体，广播节目也将成为《信息网络传播权保护条例》保护的客体。

（四）广播组织网络传播权的限制

增设广播组织的网络传播权，需要平衡广播组织与社会公众之间的利益。《著作权法》之所以要保护广播组织的利益，其目的在于通过对其传播劳动的保护来激励其传播作品的积极性，使社会公众可以利用到更多的作品，以促进社会文明的进步。法律在保护广播组织利益的同时，应当兼顾社会公共利益，并尽力使广播组织的权利与社会公共利益保持适当的平衡。过高保护广播组织的权利，会影响社会公众对作品的正当利用权利，会对社会文化的发展带来一定的负面影响。法律在保护广播组织利益的同时，应当兼顾社会公共利益，并且力使广播组织的权利与社会公共利益保持适当的平衡。由于《WIPO保护广播组织条约草案》大大提高了广播组织的网络传播权利的保护，影响了社会公众利用作品的正当权利，会对社会文化的发展带来一定的负面影响：①过高的保护水平可能会限制人们开发一些用于网络播放的软件及设备，从而挫伤人们从事技术开发的积极性。②过高的保护水平可能会影响公众的言论自由权和利用社会文化成果的权利。[①] 为此，我国《著作权法》在修订时，一方面应当根据技术发展的趋势适当加强对广播组织网络传播权的保护，另一方面应当对广播组织网络传播权以适当的限制来保护社会公众合理获取信息的权利和网络产业发展的现实需要。《信息网络传播权保护条例》中的“避风港规则”体现了对著作权人、表演者、录音录像制作者享

---

① 参见胡开忠《信息技术发展与广播组织权利保护制度的重塑》，载《法学研究》2007 年第 5 期。

有的信息网络传播权的适当限制，同样适用于对广播组织的信息网络传播权的限制。“避风港规则”相比传统的著作权合理使用制度，为各利益相关方建立了新的利益平衡机制，在为广播组织扩张新利益领域的同时，也考虑了网络技术创新者合理生存发展的需要，同时满足了社会公众合理获取信息的需要。

在上述案例中，还涉及网络技术公司能否再免责的问题。《信息网络传播权保护条例》第二十三条规定：“网络服务提供者为服务对象提供搜索或者链接服务，在接到权利人的通知书后，根据本条例规定断开与侵权的作品、表演、录音录像制品的链接的，不承担赔偿责任；但是，明知或者应知所链接的作品、表演、录音录像制品侵权的，应当承担共同侵权责任。”这就是所谓的“避风港条款”，因为侵权人可以据此免责。但笔者认为，在本案情形下，不应适用该“避风港条款”。理由在于：该条款的适用有着明确而严格的条件，即它仅仅适用于网络服务提供者为服务对象提供“搜索”或者“链接”服务的情形。在这两种情形下，网络服务的提供者仅仅是作为一个连接媒介，使网络用户与网络内容的实际提供者之间建立起联系，但具体的网络内容并不在网络服务提供者的界面上具体展现。因此，一旦发生侵权，如果网络服务提供者及时地停止该链接或者搜索服务，那么其应当免责。但是，本案的情形是网络技术公司在其网站的直播频道在线实时转播了中央电视台“CCTV-奥运频道”的“体育中心特别节目：与圣火同行”。而这一直播频道提供的是在线实时观看的服务，是由网络技术网站直接提供的，而非通过“搜索”或者“链接”转到其他网络提供者处后才能享受服务的，即不属于“搜索”或者“链接”服务。同此，本案的情形不符合“避风港条款”的适用情形，网络技术公司不能以其及时地删除了侵权内容而获得免责，而应该按照有关版权法的规定承担相应的责任。

六、具体立法建议

信息技术的发展推动了广播技术的发展，也使得盗播广播节目更加容易，我国立法应适应信息技术发展的需要，积极完善我国广播组织权利的保护制度，同时注意保持广播组织的权利与社会公众利益、网络产业发展之间的平衡。建议一：我国现行《著作权法》第四十四条：“广播电台、电视台有权禁止未经其许可的下列行为：（一）将其播放的广播、电视转播；（二）将其播放的广播、电视录制在音像载体上以及复制音像载体。前款规定的权利的保护期为五十年，截止于该广播、电视首次播放后第五十年的十二月三十一日。”修改为：“广播电台、电视台对其播放的广播、电视享有以下权利：（一）享有以无线转播、有线转播及通过计算机网络转播在内的任何转播方式转播广播、电视节目的专有权；（二）享有授权在其广播节目被录制后通过无线、有线及计算机网络在内的任何方式播送此种广播节目的权利；（三）享有专有权，以授权通过无线、有线及计算机网络在内的任何方式向公众提供其已录制的广播节目，使该广播节目可为公众中的成员在其个人选定的地点和时间获得；（四）未经其许可，有权禁止将其播放的广播、电视录制在音像载体上以及复制音像载体，但是，前款规定的权利不能涵盖进入公有领域的作品及不受著作权法保护的材料，保护期为五十年，截止于该广播、电视首次播放后第五十年的十二月三十一日”。建议二：我国《信息网络传播权保护条例》第一条，“为保护著作权人、表演者、录音录像制作者（以下统称权利人）的信息网络传播权……制定本条例”；第二条，“除法律、行政法规另有规定的外，任何组织或者个人将他人的作品、表演、录音录像制品通过信息网络向公众提供，应当取得权利人许可，并支付报酬”；第三条，“依法禁止提供的作品、表演、录音录像制品，不受本条例保护”。修改为第一条，“保护著作权人、表演者、录音录像制作者、广播组织（以下统称权利人）的信息网络传播权，……制定本条例”；第二条，“除法律、行政法规另有规定的外，任何组织或者个人将他人的作品、表演、录音录像制品、广播节目通过信息网络向公众提供，应当取得权利人许可，并支付报酬”；第三条，“依法禁止提供的作品、表演、录音录像制品、广播节目，不受本条例保护”。

第三部分　运动员的相关权利

运动竞赛表演著作权保护辨析

体育竞赛能否给予著作权保护是一个比较复杂的问题，近年来，不少学者对相关主题进行了论述。为了研究的方便，本文根据是否具有较强的美感，将体育竞赛项目分为运动竞赛表演项目（美感较强）和一般体育竞赛项目（美感缺乏）。事实上，二者之间很难找到一个泾渭分明的界限，划分是为了研究的需要。有学者认为，运动竞赛表演是体育运动员以表演的方式参与竞赛一类体育比赛项目，这样定义实际上也是以美感强弱为依据的。笔者要研究的是艺术体操、体育舞蹈、滑冰、团体操等具有较强美感项目中的表演能否获得著作权的保护。拟从两个层面来辨析这个问题：第一，运动竞赛表演能否成为《著作权法》意义上的作品；第二，如果理论上运动竞赛表演可以成为《著作权法》意义上的作品，那么能否获得我国《著作权法》的保护。之所以分两个层面探讨，是因为我国现行《著作权法》采取明确的列举立法方式已将运动竞赛表演排除在外，但在其能否成为作品的问题上存在着理论争议，并且学界对我国现行《著作权法》为什么将其排除在外也缺乏较为深刻的理论分析。一项智力成果符合作品的构成要件，并不必然受到《著作权法》的保护。例如，一部反主流意识形态的学术作品，从构成要件上属于《著作权法》意义上的作品，却不能得到我国《著作权法》的保护。通过本文的辨析，可以从这两个层面对该问题获得较为全面的认识，澄清在理论上的困惑。

一、运动竞赛表演是否属于作品的两种观点

运动竞赛表演能否得到著作权保护的争议焦点是运动竞赛表演是否为《著作权法》上的作品。运动竞赛表演是否属于作品，法律没有做出明文规定，有的学者则将之明确排除在外。[①] 也有学者认为，传统《著作权法》保护的作品不仅是具有独创性的表达，而且还是对思想、观念或情感具有一定美感的表达，竞技体育活动展现的是运动力量和技巧；无论其中的动作组合是否为“独创”的，由于其并非以展示美感为目标，故不能构成《著作权法》上的作品。[②] 学者郭禾认为，作品必须能够表达某种感情或思想，或阐明特定的科学原理，作品主要应该作为一种信息的载体，这是它区别于体育竞赛之处。[③]

也有人持不同的观点，认为一般的体育项目不是现行《著作权法》上的作品，特殊的体育项目可以视为作品，纳入《著作权法》的保护范围，如体育舞蹈、团体操等。[④] 也有学者认为，运动竞赛表演具有著作权中作品所要求具备的独创性、可复制性，它应是《著作权法》上的“作品”，现行《著

---

① 参见吴汉东《知识产权法》，中国政法大学出版社 2002 年版，第 80 页。

② 参见王迁《知识产权法教程》，中国人民大学出版社 2007 年版，第 72 页。

③ 参见郭禾《知识产权法》，中国人民大学出版社 2010 年版，第 37 页。

④ 参见马法超《体育赛事转播权法律性质研究》，载《体育科学》2008 年第 1 期。

作权法》将其排除在外，不符合现代体育的发展，对运动员等人利益的保护是不利的；现代运动竞赛表演是竞赛与表演的结合，竞赛受《体育法》调整，表演凝结了运动员和其他人员的智力劳动成果，具有著作权的属性，其表演性受《著作权法》的调整，两者并行不悖、彼此结合，可以全面地保护运动员的权益，促进体育运动的发展，理应受《著作权法》保护。①

运动竞赛表演不属于作品的观点，是以传统的著作权法理论为依据的。传统的著作权法理论认为，作品反映作者的思想感情及对客观世界的认识，是一种以语言文字、符号等形式所反映出的智力创作成果。② 作品是表现思想和情感的属于文学艺术和学术领域的信号集合，是人们审美和获取知识的资料。③ 这种将内心世界的思想感情借助语言、艺术和科学符号体系加以表达的过程就是创作，由此形成的具有文艺或科学美感和独创性的智力成果就是《著作权法》上的作品。总之，传统著作权法理论认为受《著作权法》保护的作品必须是思想或感情的表现形式，必须属于文学、艺术和科学领域。

运动竞赛表演属于作品的观点，是以我国《著作权法》规定的作品构成要件为依据的。我国《著作权法》规定了作品的构成要件有两个，即独创性和可复制性。但笔者认为，坚持运动竞赛表演属于作品的观点并没有有力反驳对方的依据：

---

① 参见张杰《运动竞赛表演中的著作权保护》，载《体育学刊》2001 年第 4 期。

② 参见吴汉东《知识产权法》，中国政法大学出版社 2002 年版，第 80 页。

③ 参见张俊浩《民法学原理》，中国政法大学出版社 2000 年版，第 557 页。

受《著作权法》保护的作品必须是思想或感情的表现形式，必须属于文学、艺术和科学领域。运动竞赛表演仍然属于体育竞技活动，体育活动所展现的是运动力量和技巧，无论运动竞赛表演的动作组合是否为独创的，其并非以展示文学艺术或科学美感为目标，而传统《著作权法》理论认为著作权保护的不仅是具有独创性的表达，而且还是对思想、观念或情感具有一定美感的表达。如果在这个问题上不能给予有力的辩驳，那么坚持认为运动竞赛表演属于作品就缺乏理论上的说服力。

二、运动竞赛表演属于作品的理论分析

我国现行《著作权法》未为作品下定义，其定义规定于《著作权法实施条例》第二条："著作权法所称作品，是指文学、艺术和科学领域内具有独创性并能以某种有形形式复制的智力成果。"依照该条例，可把作品的法律要件归结为三个：①须具有独创性；②可复制性；③须属文学、艺术和科学领域。

考察运动竞赛表演是否属于《著作权法》上的作品，就要看其是否具有独创性、可复制性、属文学、艺术和科学领域三个法律要件。①运动竞赛表演具有可复制性，可以通过录制等手段得到有形再现，并可以通过摄影、录像、录音等形式固定、复制和出版，它具备作品的可复制性。②运动竞赛表演的动作设计与舞蹈动作设计一样具有独创性。运动竞赛表演一般都是运动员和教练员合作创作的智力成果。每次比赛中，参赛者为了获奖，就必然有创新的动作或形式，这些创新无论其程度高低都是独立创作完成的，具备独创性。一般而言，只要是

运动员、教练员或其他创作人员独立完成的就应该认为具有独创性，可以被视为作品。体育竞赛中运动员的动作一般都应在规则允许的范围内，否则就是违例、违规，但在规则允许的范围内同样可以独立创造高难度具有美感的动作，这些动作是运动员、教练员、科技人员辛勤努力和智力活动的结晶。表面上看，是运动员在“抄袭”或重复别人的动作，其实不同的运动员由于其对动作要领理解的不同也带有表演的创造性。例如跳水比赛，国际跳水竞赛规则规定了 87 个不同种类的跳水动作，两个运动员同样选择了 305C 这样一个跳水动作，但是由于对于动作要领的理解不同，所展示的跳水技巧和美感也不一样。

目前，坚持认为运动竞赛表演属于作品的学者对运动竞赛表演具备独创性和可复制性两个要件的论证比较充分[①]，但对于运动竞赛表演是否属于文学、艺术和科学领域的论证不足甚至缺失，这可能是因为不少著作权法教科书上一般都将作品的构成要件归为独创性和可复制性，而忽视了作品须属文学、艺术和科学领域。

作品所涉及的领域包括文学、艺术和科学领域。文学、艺术和科学领域是各自不同的领域。文学一般指的是语言艺术，它以语言文字为媒介反映人的社会生活、人的精神世界。[②] 艺术是指借助语言、造型、表演再现人的社会生活和精神世界的

---

① 参见张杰《运动竞赛表演中的著作权保护》，载《体育学刊》2001 年第 4 期。

② 参见《中国大百科全书·中国文学卷》，中国大百科全书出版社 1987 年版，第 938 页。

具有意识形态性质的活动。艺术有广义和狭义之分。广义的艺术包括语言艺术。狭义的艺术是除语言艺术之外的其他诸如造型艺术（绘画等）、表演艺术（音乐、舞蹈等）和综合艺术（戏剧等）等艺术。文学和艺术作品是通过不同的方面给人们以审美和获取知识的信息，而科学作品则是给人们以严密的科技理论知识和可操作的应用信息。运动竞赛表演作为体育竞赛中的表演显然无法归属于文学和科学，而能否归属于艺术则是一个值得思考的问题，它直接关系到运动竞赛表演能否成为《著作权法》上的作品。人们对什么是艺术一直存在着不同的看法，但传统的艺术学理论比较一致地认为艺术的构成要件有两个：一是它要能反映人的思想和感情，是对社会生活的再现；二是它要具有美感。

运动竞赛表演通过运动员的形体动作表达出来，而这些动作都是经过编排和训练而设计出来的，具有很强的美感。对观众来说，观看运动员的这些动作是一种美好的享受。典型的运动竞赛表演项目，如花样游泳、花样滑冰、艺术体操等，都与舞蹈、杂技表演没有什么差别。它们具有以下特征：技能要求很高、难度大，高超的艺术性，具有极强的观赏性，编排出来的融音乐、艺术动作于一体的艺术体操实际上就是可独立使用的作品，等等。但是，像举重、赛跑、跳远、游泳等程式性的竞赛，并没有突出美感的特征，不能归入艺术领域，也就谈不上构成艺术作品，更谈不上受《著作权法》的保护。

但传统著作权法理论认为作品必须是思想感情的表达形式。艺术能反映人的思想感情，具有独创性和可复制性的艺术表达无疑是传统著作权法理论上的艺术作品。例如，一直以来，我国《著作权法》对舞蹈作品的定义是，舞蹈是通过人体连续的动作、姿势、表情等表现思想情感的作品。运动竞赛表演虽然具有美感和观赏性，但仍然是一种体育竞赛，运动员通过表演展示的是运动力量和身体技巧，并不是对思想感情的表达。传统著作权法理论正是基于此，坚持认为体育竞赛不是《著作权法》上的作品。这种观点盛行于大陆法系国家。在大陆法系国家，传统著作权法理论之所以认为作品必须是思想感情的表达形式，是因为把作品看作作者人格的延伸，作品体现作者思想感情的观念与特定的历史背景、文化思潮相连，19世纪的哲学观与艺术学被《著作权法》选择，成为《著作权法》的理论基础。[①]

但20世纪以来，新的艺术学观点层出不穷，这些新观点大致沿着“从主体本位到文本本位”的脉络发展。19世纪的作品观强调作者思想感情与作品紧密联系，注重作品希图表现的是作者的什么思想感情，20世纪以来的艺术观则逐渐颠覆了作品是思想感情表现形式的传统观点。1914年，英国美学家贝尔在其著作《艺术》中提出了一个著名的命题：艺术是有意味的形式。“意味”是形式本身的意味，有意味的形式“是表现的和自身呈现的，它不是传达作者思想情感的工具”[②]。这与黑格尔所谓的艺术是“思想的形式”截然不同。20世纪20—30年代，在德国哲学家卡西尔的推动下，产生了符号艺术学，作品被诠释为纯粹的符号形式，作品并不是思想

① 参见李琛《质疑知识产权之人格财产一体性》，载《中国社会科学》2004年第2期。

② 牛宏宝：《西方现代美学》，上海人民出版社2002年版，第293页。

感情的外在形式。卡西尔认为，这样的说法是错误的："艺术家仅仅生活在他自己的内在人格生命的范围内，生活于情感或激情，生活于想象和梦幻。"[①] 卡西尔的学生朗格进一步阐发道："艺术表现的并不是实际的情感而是情感的概念，正如语言表达的并非实际的事物或事件，而是事物和事件的概念一样。"[②] 作品不再被视为思想情感的直接外化。作品不是作者人格的附属品，而是具有独立存在价值的符号形式。受现代艺术观理论的影响，我国2001年修订的现行《著作权法》将杂技作为艺术作品给予保护，就没有将思想性作为作品的法律要件。杂技是通过形体动作和技巧表现的一种活动，例如走钢丝或者走索，展示的是表演者的技巧，没有什么鲜明的思想性，但同样让人们具有欣赏性，感觉到十分好看，具有美感，所以杂技也归属于艺术作品。同理，思想性并不是运动竞赛中的表演构成作品的必要条件。

三、在实践中是否将运动竞赛表演给予著作权的保护

将某些体育项目列为《著作权法》的保护对象，在其他国家已有先例。德国联邦法院承认了滑冰表演包含戏剧的因素，可以作为一种艺术作品；巴黎上诉法庭的一项决议将斗牛

---

① 卡西尔：《符号、神话、文化》，李小兵译，东方出版社1998年版，第157页。

② 转引自齐效斌《人的自我发展与符号形式的创造》，中国社会科学出版社2002年版，第36页。

士划分在艺术家而不是运动员的种类中，同时还规定："涉及跳水及在弹簧垫上空翻的运动属于哑剧表演，是思维的产物，根据文学和艺术资产的相关法律，可以享受版权保护"，这样体操表演也被纳入"哑剧"这一概念范围从而受版权法保护。[①] 在巴西，体育领域的足球运动、田径运动等都被列为如同艺术表演者的"表演"一样的受保护客体，运动员享有表演者权。表演者权的主体是运动员和运动员所属的单位。《巴西版权法》第一百条规定，运动员的组织者享有如同其他文艺作品表演者所享有的经济权利，即许可或禁止他人现场转播或录制有关运动员的比赛实况；如果允许他人转播或录制，则有权取得经济报酬。[②]

我国现阶段为什么不将运动竞赛表演给予著作权的保护呢？权利是历史的具体的，总是与一定的社会发展相联系。正如马克思所说："权利决不能超出社会的经济结构以及由经济结构制约的社会的文化发展。"[③] 实践中，是否给予运动竞赛表演以著作权的保护，要看一个国家的体育事业发展水平和社会经济现状，要考虑到社会的实际需要程度和法律运行的可行性。

---

① 参见弗兰克兹·沃尔洛兹《体育与版权》，载《体育文史》1997 年第 1 期。

② 参见吴汉东、曹新明、刘剑文《西方诸国著作权制度研究》，中国政法大学出版社 1999 年版，第 153 页。

③ 马克思、恩格斯：《马克思恩格斯选集》（第三卷），人民出版社 1995 年版，第 305 页。

（一）不符合举国体制的发展模式

长期以来，体育事业被认为是一项纯公益性的福利事业，主要依靠国家财政拨款发展体育，特别是竞技体育实行的是举国体制，体育事业的主导者仍然是国家。举国体制是当前我国配置体育资源的主要方式，政府以计划手段配置体育资源，以行政手段管理体育项目，政府既是管体育的主体又是办体育的主体。[①]《中共中央国务院关于进一步加强新时期体育工作的意见》（中发〔2002〕8号，简称《意见》）指出："进一步发挥社会主义制度的优越性，坚持和完善举国体制。"作为一种发展竞技体育获取国家荣誉的成功经验，举国体制在相当长时期仍将是我国竞技体育发展的模式。[②] 在我国大部分体育项目中，运动员进行竞赛表演成果是利用国家提供的物质技术条件完成的，由国家承担责任（例如竞技失败没有获得冠军或者没有取得理想成绩）的，而根据有关民法的一般原理和现行《著作权法》第十一条的规定，作为行政管理者的国家这时不可能享有著作权，国家仅在作者不存在、无偿转让、遗赠等特殊情况下才可以成为著作权的主体。[③] 在举国体制的环境下，在为国争光的国家利益面前，要求运动员要有一定的集体主义精神，体育团队内部都有传帮带的要求和氛围，在这种情况下，如果赋予运动竞赛表演者以著作权，通过著作权的转让而

---

① 参见秦椿林《再论"举国体制"》，载《北京体育大学学报》2005年第4期。

② 参见王庆伟、任海《陕西、甘肃两省关于"竞技体育举国体制"问题调查报告》，载《西安体育学院报》2005年第3期。

③ 参见沈仁干、钟颖科《著作权法概论》，商务印书馆2003年版，第62页。

让运动员等人获取物质或者财产利益，也是不太现实的。

举国体制的发展模式在一定程度上影响了竞技体育产业化和商业化的进程。国家虽然也开始追求竞技体育的产业化与商业化，但追求竞技体育的政治利益仍然被放在重要的位置。[①]从社会的长远发展看，这一模式具有过渡性，但现阶段不会有大的改变。著作权法属于民法，民法是调整平等民事主体之间的财产关系和人身关系的法律规范，本质上需要遵守平等和等价有偿原则，所调整的是横向型利益结构。目前，在我国体育领域，基于国家政治利益的主导，中国体育利益结构在很大程度上依然是靠国家行政权从外部进行控制来实现的，而由民法规范的横向型的利益主体结构尚未形成，这个时候赋予运动竞赛表演以著作权显然与这种发展模式不吻合。

（二）违反《体育法》的基本立法精神

《体育法》总则中的第一条明确规定："为了发展体育事业，增强人民体质，提高体育运动水平，促进社会主义物质文明和精神文明建设，根据宪法，制定本法。"从这一纲领性条款可以看出，《体育法》的立法目的具有较强的国家性和公益性。在《体育法》中，从具体条款的设计也可以看出法律关系的主体基本上都是国家，将公民作为法律关系主体的条款几乎没有。《体育法》中对国家管理责任的规定条款比对公民权利规定的条款明显要多很多。分则的第二章到第五章主要都是针对体育管理责任的规定，在第六章的保障条件中重点强调的

① 参见李艳翎、郑吾真《中国竞技体育的利益分析》，载《体育科学》2000年第35期。

也是管理的责任。《体育法》看重国家管理的责任，而不是对个人权利的强调。作为我国体育领域内的基本法，《体育法》立法目的应是体育法律规范的基本立法原则。如果《著作权法》赋予运动员等人以著作权，强调对个人权益的保护，则与我国现阶段《体育法》的基本立法精神也不太吻合。

《体育法》第二条规定："体育工作坚持以开展全民健身活动为基础，实行普及与提高相结合，促进各类体育协调发展。"同时第七条规定："国家发展体育教育和体育科学研究，推广先进、实用的体育科学技术成果。"可以看出，我国体育立法看重体育科学技术成果的研发，但更看重体育科学技术成果的推广，为了提高全民身体素质和社会公众利益，这是普及与提高相结合的一种途径。社会民众根据著作权合理使用制度对作者的体育运动竞赛表演成果进行大众化使用，则意味着作者的成果在事实上已经进入了社会公有领域，即使《著作权法》把体育运动竞赛表演当作作品，赋予运动员等以著作权，保护也没有什么实践意义。

（三）增加大众体育与竞技体育的矛盾

竞技体育与大众体育利益的冲突一直以来都是学界及社会议论较多的话题。如何处理两者的关系、缓解利益冲突、平衡社会矛盾是一个从理论到实践的难题。[①] 我们国家提倡竞技体育与体育协调发展，遵循"在普及的基础上提高，在提高的指导下普及"原则，充分发挥竞技体育与大众体育的互动。

---

① 参见李娟、方新普、张勇《试论转型期体育利益矛盾与社会体育融合》，载《武汉体育学院学报》2010 年第 5 期。

新中国竞技体育经过60多年的发展，许多项目已经达到了世界领先水平，无论在理论上还是在实践经验上都积淀了丰富的财富，引领群众体育实现共同发展已成为其不可推卸的历史责任。竞技体育要树立反哺大众体育的思想。“指导下普及”不是大众体育消极的适应，而是积极地利用竞技体育寻求发展，如利用竞技体育赛事经验组织大众体育竞赛、借助竞技体育项目的软化发展多样化的全民运动形式。事实上，全民健身，在具体工作中长期处于尴尬的处境[①]，致使我国大众体育与竞技体育发展水平形成极大的反差。

在这样的背景下，如果赋予运动员等以著作权，很可能增加大众体育与竞技体育的矛盾，与实行普及与提高相结合的发展原则不太吻合。首先，赋予运动员等以著作权，会增加人们观看和学习体育运动竞赛表演的成本，例如基于运动员等人享有的著作权，则赛事门票的票价会提高。其次，对竞技体育也会产生一些负面影响，对于一些表演性比较强的竞技体育项目，本来都不是基础性、大众性的体育项目，如果增加人们观看和学习运动竞赛表演项目的成本，则会使更多人远离这些体育项目，使本来就缺少观众和群众基础的项目显得更加难以普及。最后，更加使占人口绝大多数的中低阶层只能享受较少甚至享受不到稀缺的体育资源。我国由于体育利益分化造成的阶层矛盾已经非常突出，赋予运动员等以著作权会提高普通体育民众的体育消费成本，容易导致奢侈体育与普通体育消费群体之间存在心理对抗。

---

① 参见杨文轩、陈琦《体育原理》，高等教育出版社2004年版，第200页。

四、《体育法》的相关修改建议

著作权是一种民事权利，法律赋予公民因创作作品而产生的这种权利，既包含人身权又包含财产权。人身权体现作者的精神利益如荣誉，财产权体现作者的经济利益。对运动竞赛表演给予著作权保护的目的是使他们的精神利益和经济利益得以实现。根据前文，实践中运动竞赛表演尚不能获得著作权的保护，在这种情况下，《体育法》应该有一定的作为。以法律规范的主体和体现的利益为判断公私法的标准①，可以看出体育法属于公法领域，著作权法属于私法领域，既然在私法的层面上不能保护运动竞赛表演中运动员等人的私人利益，作为我国体育领域内的基本法，《体育法》可给予个人在体育领域的利益以一定的保障。《体育法》第七条规定："国家发展体育教育和体育科学研究，推广先进、实用的体育科学技术成果，依靠科学技术发展体育事业。"同时，第八条规定："国家对在体育事业中作出贡献的组织和个人，给予奖励。"而落实第七条的《中国体育科学学会科学技术奖奖励章程实施细则》在具体实践中，奖励的对象往往是体育科研人员和体育科研机构，如各地的体育高等院校以及国家和地方的体育行政部门的研究所和一些医院，而运动员和教练员则很难获得相应的科学技术奖励。对于那些没有获得竞技体育大奖，如全国比赛、洲际比赛、世界比赛等重大赛事中没有取得优异成绩的运动员和

① 参见（日）美浓部达吉《公法与私法》，黄冯明译，中国政法大学出版社2003年版，第32～39页。

教练员，但其在运动竞赛表演中实现了技术创新和突破，例如重大运动的技术发明创新、成套的技术动作创编，虽在比赛中由于各种因素未取得良好成绩，但政府也应该给予一定的奖励。这种政府奖励也是有宪法依据的。例如，《宪法》第二十一条的规定，“国家发展医疗卫生事业，发展现代医药和我国传统医药，鼓励和支持农村集体经济组织、国家企业事业组织和街道组织举办各种医疗卫生设施，开展群众性的卫生活动，保护人民健康。国家发展体育事业，开展群众性的体育活动，增强人民体质”；第四十七条的规定，“中华人民共和国公民有进行科学研究、文学艺术创作和其他文化活动的自由。国家对于从事教育、科学、技术、文学、艺术和其他文化事业的公民的有益于人民的创造性工作，给以鼓励和帮助”。根据法律解释中体系解释的一般原理，《宪法》第四十七条中的“其他文化事业”中应该包括本法第二十一条中提到的国家体育事业，对于国家的体育事业有创造性工作的人，国家给以鼓励和帮助，是国家承担的责任和义务。

《体育法》属于公法，是根据《宪法》中一些公民体育权利条款的原则要求而进行的具体化立法，《宪法》第四十七条要落实到《体育法》上。《宪法》第四十七条规定的要求国家给予鼓励和帮助的权利，属于公民的请求给付权；而政府根据公民的请求给付权给予的是一种行政奖励，是指行政主体依照法定条件和程序，对为国家和社会作出重大贡献的单位和个人给予物质或精神鼓励的具体行政行为。其内容包括物质奖励、精神奖励和职务奖励。精神奖励表现为受奖者获得某种法定的荣誉并被国家和社会承认。如果国家对符合条件的申请人，不能给付相对人一定数量的物质奖励和荣誉，则申请人可以提起行政复议或者行政诉讼以维护自己的权利。

因此，笔者建议对《体育法》第八条给予修改。第八条修改为："国家对在体育事业中作出贡献的组织和个人，给予奖励。对于完成高难度技术创新的运动员、教练员或者科研人员，对其创新成果可以享有冠名权，并且有权利要求国家给予物质奖励。具体奖励办法由国务院体育行政部门规定。"冠名权，指表演者可以将某创新动作或技术以自己的名字标明它的权利。在实践中，此项权利通常由一些具有较高国际信誉度的国际组织来行使，如国际体操联合会就首先以在重大正式竞赛中成功完成创新高难度技术动作的运动员名字命名创新技术动作，其他人如果篡改动作名称，即构成侵权。只要运动员等具有冠名权，则其他人以各种形式使用该创新成果，都应当说明创新者的姓名。体育运动的创新凝聚着创新者的智慧和辛劳，将他们载入史册或给他们荣誉，以他们的名字称呼他们的创新，也是一种报答或者感谢的方式。运动员等人获得冠名权，就意味着可以获取一种荣誉，就产生了相应的荣誉权。荣誉能够给公民个人带来正面的社会评价、人格利益的充实和精神上的满足，根据我国法律规定，荣誉获取需要具备一定的条件，剥夺荣誉亦然。但《体育法》作为公法与《著作权法》作为私法在保护运动竞赛表演作者的物质利益和精神利益方面存在明显的不同。赋予著作权，从而获取《著作权法》上的人格权和财产权，其中的人格权自作品完成那天就自然拥有，其中的著作财产权可以用来进行市场交易。运动员等人的受益权具有国家奖励的性质，其获取的是直接的物质奖励，而不是可以用来市场交易的著作财产权，并且运动员的冠名荣誉由国家授予，而不是自作品完成那天就拥有。

运动员的形象权

一、形象权的概念及来源

（一）形象及形象权

一般意义上，形象是指表现人的思想感情活动的具体“形状相貌”，或是指文学艺术作品中作为“社会生活描写对象”的虚构人物形象或其他生命形象。形象虽然是表现特定对象之个性特征的一个整体，但它包括许多具体的因素，例如真实人物的姓名、肖像、体态、声音等专属性人格因素以及虚构角色的名称、图像、声音、姿态等艺术性角色因素。[①]

各种各样的人格因素或角色因素，都可能构成形象因素，从而具有商品化的价值。作为形象权的保护对象，形象可以分为两类：一是真实的人物形象，即自然人在公众面前表现其个性特征的人格形象。它通过诸如姓名、声音、签名（包括静态的肖像照片和动态的电视电影中的个人形象）等人格因素形成具有实质性区别特征的形象，以表示或表现相应的自然人。二是虚构的角色形象，即创造性作品中塑造的具有个性特

① 参见吴汉东《形象的商品化与商品化的形象权》，载《法学》2004 年第 10 期。

征的艺术形象。它通过名称、外形、经典动作、口头语、关键短语等艺术要素，创造出非真实存在的虚拟性角色，包括人物、动物等。虚构角色包括文学角色、视听角色和卡通角色。

世界知识产权组织的有关文件将形象分为“虚构角色形象”和“真实人物形象”两种。在美国，学理上也有真实人物形象与虚构角色形象之分，但它们在法律上却有不同的权利形态。真实人物形象的相关权利被称为“形象权”（right of publicity），是指“个人对其形象进行商业价值利用的权利”，或表述为“每一个自然人固有的、对其人格的商业使用进行控制的权利”。虚构角色形象的相关权利则称之为“角色权”（rights in character），其权利指向涉及作品中的艺术形象，包括在电影、电视、动画等作品中出现的人物、动物或机器人等，也包括用语言表现的作品中的虚拟形象。①

在日本，学者将形象商品化的对象限定为“角色”，但又对其扩大解释，即角色包括漫画或动画片中的出场人物等靠视觉表现出来的臆想角色，以及小说故事中的出场人物等依文字、语言表现出来的虚构角色和真实人物。

我国学者郑成思列举了形象的各种形态，包括真人的形象、虚拟人的形象、创作的人和动物形象、人体形象等。这里所讲的各种形象其实可以概括分类为真实人物形象与虚构角色形象。②

上述两类形象，由于形象商品化的结果，形象利益遂演变

① 参见林雅娜等《美国保护虚拟角色的法律模式及其借鉴》，载《广西政法管理干部学院学报》2003 年第 5 期。

② 参见郑成思《版权法》，中国人民大学出版社 1993 年版，第 86 页。

成商品化之形象权，并非所有的形象都有这种法律规制的必要。作为形象权客体意义上的形象具有以下法律特征：第一，形象的知名度。形象必然具有一定的知名度，这是形象可商品化的前提。这一特征并非需要法律的设定，而往往就是市场本身的要求。这主要是因为非知名人物、角色或机构的形象商业开发价值很低，难以为商家带来直接的经济利益。[①] 第二，形象的商品化。这里讲的商品化是指相关主体对知名形象的商业性利用。在现实生活中，形象的商品化具有多种形式，例如将形象用于广告宣传、商品包装装潢，将形象改编成其他作品形式或制作出售立体形象，将形象注册为商标或企业名称，等等。总之，无论是哪种形象因素发生了哪种形式的商品化，都会使得上述形象的原有功能（人情标记识别或艺术个性欣赏）发生变化，此时都转化为对商品的宣传促销功能和说明保证功能。

（二）形象权的来源

形象权起源于隐私权。1902 年的纽约州上诉法院的“罗伯逊”案和 1905 年的佐治亚州最高法院的“帕夫斯卡”一案，虽然有着相似的案情，却得到了截然不同的判决结果。前者原告因其肖像被用于商业广告受到众人嘲笑、讥讽，而感到耻辱和惊吓，其赔偿要求未得到法院支持；后者的被告是一家人寿保险公司，未经许可而在广告上使用了原告的肖像，法院却承认了原告的隐私权请求，在此案中，美国法院大胆地通过

① 参见熊伟《形象权法律制度研究》（博士学位论文），武汉大学 1992 年，第 15 页。

判例禁止不经许可公开他人的生活习惯、秘密与私人生活相关的内容，使隐私权拥有了“合法”的身份。

然而，人们很快意识到，现实中的某些权利难以纳入隐私权的范围，隐私权人都享有某种程度的“独处的权利”。前述案例中的被告都是未经许可使用了原告的肖像或者姓名，将原告强行暴露在公众的面前，严重侵犯了原告“独处的权利”。然而，当原告是知名人士的时候，法官就很难适用“独处的权利”，或者很难认定原告遭受了某种程度的精神痛苦。既然名人的姓名或肖像已经广泛出现在新闻媒体上，已经暴露在公众面前，那么再多些未经许可的使用也不会对他们造成什么精神损失。可见，传统的隐私权已经不能保护名人身份中的商业价值了。

弗兰克法官在 1953 年的海兰实验室诉口香糖公司案（Haelan laboratories，Inc. V. ToppsChewingGum，Inc.）中确定了形象权。他说，很多知名人物（尤其是演员和球星）并不因为他们肖像的公开而感到受伤害。但如果他们不能授权他人在广告上使用自己的肖像，不能让自己的肖像出现在报纸、杂志、公共汽车、火车或者地铁上，并且不能由此而得到金钱报酬，他们就会痛苦地感觉到被剥夺了什么。因此，除了独立的隐私权，每个人还就其肖像的形象价值享有权利，这个权利可以称之为“形象权”。因此，形象权必须是一种可以对第三者主张的排他性权利，否则其经济价值难以实现。

1954 年，著名知识产权法学家尼莫（Melville Ninuner）教授发表了一篇题为“形象权”（*The Right of Publlcity*）的文章，认为名人需要的不是对于隐私的保护，而是对于自己身份的商业价值的保护，以及控制自己身份中商业性价值的权利。

这样，在弗兰克法官和尼莫教授的共同努力下，形象权的概念不仅得以确立，而且被定义为一种财产权。至此，形象权终于从传统的隐私权中独立出来，成为一种新的知识产权。[①]

海兰案的判决和尼莫教授的观点在学术界得到了支持，并且逐渐有法院接受这种新型权利。1977 年在联邦最高法院的推动下，这种权利在司法界及学界获得了广泛的支持，并最终得到了美国法学会的一致确认。美国法学会《反不正当竞争法》（第三次）第四十六条规定，一个人对其形象的商业价值享有形象权，未经他人同意，出于商业目的使用他人的姓名、肖像或其他人格标识即构成侵犯形象权，判其承担责任的形式包括下达禁令和金钱赔偿。[②]

国内一般认为，形象权是指权利主体对其知名形象进行商品化利用并享有利益的权利。

二、形象权的性质

（一）学界关于形象权性质的学术观点

目前，我国学术界已经对形象权问题进行了一些研究。就形象权性质问题，主要有三种观点。

1. 形象权属于商事人格权

该观点主张，传统的人格权制度主要是为了保护非财产的人格利益，也就是精神性人格利益，然而，随着社会的快速发

① 参见李明德《美国知识产权法》，法律出版社 2003 年版，第 295 页。

② 参见马法超《体育相关无形财产权问题研究》（博士学位论文），北京体育大学 2007 年，第 106 页。

展，在普通的人格利益之外，又分离形成了一种包含经济利益在内的相对独立的人格利益（商事人格利益）。人格权发展成为维护商事人格利益的兼具人格权属性和财产价值的商事人格权。为适应商业活动的需要，这些人格权必须具有一定的可转让性与继承性。该观点认为，形象权是商事人格权形式的一种，而自然人的姓名、肖像乃至声音等人格标志用于商业目的时产生的人格利益即是商事人格利益。①

2. 形象权属于知识产权

这种观点一般把形象权作为商品化权予以定性，以《世界知识产权公约》对知识产权的界定为依据，认为形象权属于其第（7）项“制止不正当竞争，以及在工业、科学、文学或艺术领域由于智力活动而产生的一切其他权利的范围”。该观点分析了形象权的特点，认为其具有无形性、专有性、地域性、时间性等这些知识产权的共有特征。还有人认为，形象权应归入广义的知识产权范畴，系与人格权、著作权、商誉权相交叉的一个新的领域。

3. 形象权属于无形财产权

有的学者从西方国家对无形财产的划分出发，指出非物质性财产主要是知识产权，但不限于知识产权，还包括商誉、信用等资信财产。形象权属于与知识类财产权、特许类财产权并称的资信类财产权。

① 参见程合红《商事人格权论》，载《中国法学》2000 年第 5 期。

（二）对形象权法律性质的探讨

形象权不属于商事人格权。人格权是指民事主体专属享有，以人格利益为客体，为维护其独立人格必备的固有权利。人格权由民事主体专属享有，只能由每个民事主体单独享有，不得转让、抛弃和继承，不可与民事主体的人身相分离。目前，已有学者对商事人格权的概念提出质疑，商事人格权其实也应算作人格权的一种，自然要具有人格权的基本特征，形象权的可转让性就决定了它不属于商事人格权的范畴。形象权也不是一种知识产权。现行知识产权定义中最为流行的是智力成果说，而形象权是从人格权中的隐私权衍生而来，与智力成果的要求和标准都相去甚远，将其纳入知识产权范畴应该不是最好的选择。形象权属于无形财产权。形象权属于财产权，这种观点基本就是共识，毋庸赘言。具体地讲，它就是一种无形财产权。因此，在民法学研究中应建立一个大于知识产权范围的无形财产权体系，以包容一切基于非物质形态所产生的权利，这样形象权便可置于其中。①

有学者主张，形象权不同于姓名权、肖像权等人格权，也不同于著作人身权，形象权是类似于知识产权中的财产权的一种权利，应作为独立于物权、债权、人身权、知识产权的一种民事权利加以保护；在私权领域中，人格权（包括姓名权、肖像权、隐私权等）与知识产权（包括著作权、商标权、商号权等）之间存在着一个边缘地带与交叉部分，以至于不能

① 参见吴汉东《财产权客体制度论：以无形财产权为主要研究对象》，载《法商研究》2000 年第 4 期。

简单将形象商品化问题归类于人身权或知识产权的任一范畴。形象权就是在这两大私权制度之间创设的一种新的财产权。它与传统私权制度有着千丝万缕的联系，但又有着自身的独立品性。笔者同意形象权是一种独立的财产权利，但问题在于它无法归入民法的权利体系之中。如何在法律上定位形象权的独立性呢？

随着我国学者对德国侵权法理论研究的深入，已经从德国民法学那里找到了权益区分的理论标准，并在司法实践中开始得到重视和应用。德国民法学对侵权法上的权益区分提出了“归属效能”、“排除效能”和“社会典型公开性”三个理论标准。归属效能的核心在于将确定的利益内容归属于特定主体；排除效能的核心在于主体得排除他人的一切非法干涉；社会典型公开性的核心在于使社会一般主体有识别利益客体的可能性，从而兼顾潜在侵权人的行为自由。同时符合这三个标准的，为侵权法意义上的权利；反之，即为侵权法意义上的利益。[①] 我们从侵权法权益区分的视角来认识形象权是侵权法上的一项独立权利，而非尚未构成独立权利的利益，理由有三个。

1. 排除效能

具体到运动员而言，运动员形象权的主体就是运动员本人。从消极的角度看就是运动员对自己的形象拥有禁用权，可以禁止任何未经授权的形象商品化活动并要求赔偿损失。具体而言，就是运动员对自己形象享有使用权（包括自己使用权

① 参见于飞《侵权法中权利与利益的区分方法》，载《法学研究》2011年第4期。

和许可使用权）、收益权及禁用权；形象权作为一种对世权，由权利主体所专有，其他任何人只有经过他的授权才能将其形象在授权的范围内进行商品化使用。

2. 归属效能

形象权的客体是由姓名、肖像以及其他能够进行商事使用的人格标志所体现的能够确认是运动员本人具有个性化特征的运动员整体形象。人格权是形象权产生的基础，但形象权本身不是人格权，而是一种财产权，它不是为了实现人格区别，而是为了保护人格区别因素所具有的商业价值，知名运动员对自己的形象拥有独占使用权，可以自由地决定如何将形象投入商品化实践。

3. 社会典型公开性

形象权是一个新的、尚未定型的法律概念，在真实人物形象的商业利用方面，西方国家存在不同的理论和做法。例如，澳大利亚提出反不正当公开权，英国提出角色商品化权，日本法学界提出商品化权，美国将这种权利界定为一种可以转让和继承的财产权并称之为公开权。自从美国联邦最高法院第一次承认形象权以来，目前有 15 个州已经制定了形象权的法案或包含形象权规定的隐私权法案，另外 10 个已经认可了普通法意义上的形象权。[①] 在我国也已经得到了广泛的社会认同。王军霞诉昆明卷烟厂、姚明诉可口可乐公司、刘翔诉《精品购物指南》案，法官运用肖像权保护知名人物形象的商业使用，在理论上会出现矛盾的一面。人格权保护人格的精神利益，而

① 参见马法超《体育相关无形财产权问题研究》（博士学位论文），北京体育大学 2007 年，第 106 页。

无法保护人物形象的财产利益。在此背景下，我国学界对形象权问题展开了深入的探讨，达成了共识：形象权不是人格意义上的一般形象权，而是具有财产价值的（商品化）形象权。（商品化）形象权与知识产权关联性极大，但真实形象不是著作权法的保护对象，虚构形象并不完全符合专利法商标法的保护条件，因此该项权利是一项独立的无形财产权。①

（三）形象权与类似权利的区别

1. 形象权与人格权

真实人物的形象利益，主要是一种人格利益，一般由人格权法来调整。形象商品化的权利形态，最初是从传统人格权项下的姓名权、肖像权、隐在权、名誉权等衍生而来，因而具有明显的人格属性。在商品化的条件下，诸如姓名、肖像等人格利益被重塑成具有商业性利益的形象，并运用于各种商业活动之中。这就使得来源于人格权制度的形象权，在很大程度上脱离了原来的权利范畴进入到非物质性财产领域。美国法官在1983年的“卡森案”中说道：“形象权是为了保护名人身份中的商业性利益而产生的。这种权利的理论依据是，名人的身份在促销产品方面是有价值的，名人享有的权益应当得到保护，名人可以制止他人未经许可而商业性地利用其身份。”② 形象权与传统人格权之间的差异，主要表现在：第一，人格权保护的对象是一般人格利益，而形象权保护的客体是知名人形象。

---

① 参见吴汉东《财产的非物质化革命与革命的非物质财产法》，载《中国社会科学》2003年第4期。

② 转引自李明德《美国形象权法研究》，《环球法律评论》2003年冬季号。

人格权为人普通享有，每个人享有的人格权是共同的和平等的，由此表现出民事主体的平等性、人格权的普适性。形象权则是一项财产权，因人而异，其保护对象是限于为公众所知晓、在社会中有影响的知名人形象。第二，人格权意在保护个人的人身安全和行为的自由及精神利益，而形象权在于维护知名人形象的商业性价值。在传统人格权理论中，人格利益不能直接附属于商品，不能以金钱计算其价值。形象权关注的正是形象商品化的市场价值与财产利益。第三，人格权的功能表现为防止他人对自己人身和精神利益的损害，而形象权的作用表现为禁止他人对自身形象的商业性利用。总之，形象权根源于人格权，但不同于人格权。

2. 形象权与著作权

著作权法最基本的原理就是，它保护关于思想观念的表达，不保护思想观念本身，它保护的对象和客体是作品。根据我国版权法对作品的定义，作品是必须在文学、科学和艺术领域内具有独创性并能以某种有形形式复制的智力创作成果。英国版权法把照片也纳入作品的范围①。也就是说，照片的版权属于拍摄它的人，一个人只有既是照片的拍摄者又是照片中的被拍者，才可能同时拥有版权和形象权，一般情况下这是不可能的。所以，一般情况下形象权人和版权人不是同一个人。这样一来，摄影师不能阻拦自己拍摄的人商业性地使用其肖像，而被拍摄的人也不得未经摄影师的许可而商业性地复制有关摄影作品。两种权利的关系在这个例子中得到了很好的体现。

① 参见王利明、杨利新《人格权与新闻侵权》，中国方正出版社 1995 年版，第 469 页。

3. 形象权与商标权

在某些特殊的情况下，某人的姓名或肖像也可以用作商标，如“郎平”、“姚明”、“乔丹”等知名品牌都是用代言人的姓名或头像作商标的。商标的基本特征在于显著性，而姓名或肖像本身是不具有显著性的，同名同姓是再常见不过的事，但是知名人士的姓名和肖像一旦与某种商品或服务相连，就具有识别该商品或服务的作用，满足了作为商标的要求。尽管两种权利的来源不同，前者来源于隐私权，后者来源于商业欺诈的法律，同时两者保护的对象也不同，但并不影响权利人在遭遇侵权行为时，从两者之中选择于己有利的角度主张权利。这是从不同角度，用不同的权利来保护同一个客体。①

4. 形象权与隐私权

形象权是财产权，目的在于保护个人的形象因素不受他人的不正当商业利用。隐私权是一种独立的人格权，目的在于保护个人姓名肖像不被他人非法公开和利用，免受情感伤害。形象权的主体是知名人士，所关心的不是应不应该公开知名人士的姓名和肖像，而是谁应当从利用这些姓名和肖像中获利的问题。隐私权的主体是所有真实存在的自然人，自出生就当然地享有个人私生活不受打扰的权利。形象权作为一种财产性权利，可以转让和继承，因为利用的不是姓名和肖像本身，而是其中包含的商业价值，所以即使权利人死亡，也不影响形象权的独立存在；而隐私权是与自然人的人身紧密相连的，专属于权利人，故不得转让、抛弃，更无法继承。当然，在某些特定的情形下，侵权者的行为可能既侵犯了他人的隐私权又侵犯了

① 参见郑成思《知识产权法》，法律出版社 1997 年版，第 22 页。

他人的形象权。

三、运动员享有形象权的条件和必要性

（一）只有知名运动员才享有形象权

形象往往与主体自身的姓名（名称）、肖像（形象）、外表（标志）等一般人格因素有关，或者与主体创造的角色、人物、作品或活动的名称、标题等特别人格因素相联系。[①] 这些人格因素的某些特征，具有“第二次开发利用”的价值。权利人利用自身或虚拟的形象，或他人以合理的对价受让或许可使用该形象，其目的并不局限于该形象的知名度与创造性本身，而在于该形象与特定商品的结合而对消费者带来的良好影响。这种影响能给形象所附载的商品带来广泛的认知度，能给形象的利用者带来一定的经营优势。所以说，这种权利不是人格意义上的一般形象权，而是具有财产价值的（商品化）形象权。

一般认为，只有部分在国际、国内大赛中取得优异成绩的运动员才享有形象权，并且由于他们所从事体育项目和商事使用范围的不同，所获得的经济收益也相差甚远。只有知名运动员才具有形象权，是因为他们在人们喜闻乐见的体育赛事中有出色的表现，从而被人们所认识、接受和喜爱；他们的形象所代表的年轻、活力、拼搏向上的精神，正是许多面对年轻人消费群体产品的最佳广告选择。企业在商品或服务中使用这些形

① 参见董炳和《论形象权》，载《法律科学》1998 年第 4 期。

象，人们会把对该运动员的喜爱、崇敬之情，自然而然地转移到他所代言的服务或商品当中。正是由于这些因素，企业才愿意为购买其使用权而付出一定对价。现代社会，随着越来越多的人关注体育活动，体育和娱乐产业联系紧密。知名运动员逐渐像好莱坞明星一样引人关注，他们的号召力和良好的公众形象被越来越多的商家看重。商家通过将运动员的姓名或肖像等注册为商标、为运动员提供赞助、请运动员代言等方式来宣传自己的产品和服务。再经过商业转化，通过体育明星的社会知名度和良好的形象，可以使自己的商品在市场上引起消费者的关注，从而扩大商品品牌的社会影响与提高市场占有率，创造出更大的商业利润。就体育明星而言，许可企业在商品或服务中使用自己的人格标志，也会进一步提升自己的形象影响，使自己的影响随商品或服务品牌的深入而具备更高的经济价值。这种结合是市场经济发展的必然结果。

（二）知名运动员享有形象权的必要性

我国知名运动员将体育作为其事业要付出大量的时间、超负荷的精力甚至是伤病的代价，他们承受了常人所不能承受的压力，才有可能取得优异的成绩，并为人们所知晓、所喜爱。对成功运动员所付出的代价进行细化分析，可以由以下几个部分组成：①运动天赋；②机会成本；③高风险性；④高支付性。[①] 一个运动员要成为知名运动员，使其形象具有商业影响力，需要承受常人难以想象的付出。因此，我们应当充分保护

---

① 参见钟薇《体育法热点问题研究》，知识产权出版社 2013 年版，第 31～32 页。

知名运动员形象利益的商业价值。毕竟，现在已经是市场经济时代，过去一味要求运动员只付出、不图回报的时代已经过去了。社会应正视这种变化，并从法律上保障运动员的财产利益不受非法侵犯。①

四、现行法律对运动员形象权的保护及存在问题

我国曾发生过一些争议，并引起了关于运动员形象权归属的法律诉讼。例如，2003 年 5 月，可口可乐公司与中国男篮签署了商业赞助合同后，在产品包装上使用了包括姚明在内的三个国家男篮运动员的形象，姚明站在正中间的显著位置，姚明认为可口可乐公司未经本人许可而将其肖像用于产品上是侵权行为，并提起了诉讼。再如，2004 年 10 月 21 日刘翔在奥运会上“飞翔”的照片被登在《精品购物指南》第 80 期的封面上，封面下方有中友百货第 6 期购物节的广告，此照片是奥委会下属官方机构拍摄的，精品购物指南报社购买了该照片用于杂志封面，刘翔认为精品购物指南报社等 4 家单位未经其同意而商业化使用其肖像的行为侵犯了自己的肖像权，向法院提起了诉讼。②

（一）现行法律对运动员形象权的保护

正是由于运动员形象权具有如此重要的价值，运用法律保

---

① 参见蔡璞、袁张帆《体育运动员的形象权及其法律保护》，载《首都体育学院学报》2004 年第 1 期。

② 参见苏号朋、赵双艳《体育法案例评析》，对外经济贸易大学出版社 2010 年版，第 273 页。

护他们的形象权也就显得格外重要。从我国的现行立法和实践经验来看，运动员形象权的保护途径是多种多样的。最基本的途径就是通过《民法通则》中的人格权和商标法、反不正当竞争法等特别法，以及其他法律予以保护。

1. 民法的保护

《民法通则》第九十九条规定："公民享有姓名权，有权决定、使用和依照规定改变自己的姓名，禁止他人干涉、盗用、假冒。"第一百条规定："公民享有肖像权，未经本人同意，不得以营利为目的使用公民的肖像。"这两条规定赋予了公民姓名权和肖像权，也为非法使用公民姓名权和肖像权提供了法律保护的依据。第一百二十条规定："公民的姓名权、肖像权、名誉权、荣誉权受到侵害的，有权要求停止侵害，恢复名誉，消除影响，赔礼道歉，并可以要求赔偿损失。"

2. 商标法的保护

我国商标法也有一些保护规定。《中华人民共和国商标法》第八条规定："任何能够将自然人、法人或者其他组织的商品与他人的商品区别开的标志，包括文字、图形、字母、数字、三维标志、颜色组合和声音等，以及上述要素的组合，均可以作为商标申请注册。"第九条规定："申请注册的商标，应当有显著特征，便于识别，并不得与他人在先取得的合法权利相冲突。"第四十五条规定："已经注册的商标，违反本法第十三条第二款和第三款、第十五条、第十六条第一款、第三十条、第三十一条、第三十二条规定的，自商标注册之日起五年内，在先权利人或者利害关系人可以请求商标评审委员会宣告该注册商标无效。对恶意注册的，驰名商标所有人不受五年的时间限制。"根据这些规定，知名运动员的姓名、肖像、绰号或者照片等都可以注册为商标，按照商标法保护。如果他人擅自将知名运动员的特征注册为商标，运动员可以以侵犯自己的姓名权、肖像权为由主张在先权利。

3. 反不正当竞争法的保护

反不正当竞争法也起到一定的保护作用。《中华人民共和国反不正当竞争法》第五条（二）项规定："擅自使用知名商品特有的名称、包装、装潢，或者使用与知名商品近似的名称、包装、装潢，造成和他人的知名商品相混淆，使购买者误认为是该知名商品。"该条款在一定条件下可以作为运动员形象权法律保护的依据。

4. 有关体育法规的保护

我国政府及体育行政主管部门曾多次制定有关规范性文件，就发展体育产业、开发体育无形资产和保护各方面合法权益做出规定。如2002年《中共中央国务院关于进一步加强和改进新时期体育工作的意见》中明确，要加强对赞助活动的管理和监督，充分调动企事业单位和个人的积极性，保障和维护其正当权益；努力开发体育无形资产，加强对商业赛事的管理，大力发展体育产业，积极培育体育市场，不断增强体育发展的动力和后劲。

2001年发布的《国家体育总局关于运动项目管理中心工作规范化有关问题的通知》中，专门将加强国家队运动员从事广告、商业性比赛活动及收入的管理作为一项重要的内容，指出要加强对运动员广告行为的引导，运动员广告收益分配要兼顾国家、集体和个人利益，并规定了收益分配的原则比例。

2006年，又针对运动员商事活动问题，发出了《国家体育总局关于对国家队运动员商业活动试行合同管理的通知》。

该通知强调了加强对运动员商业活动的管理和引导，指出运动员商业活动中价值的核心是运动员的姓名、肖像、名誉、荣誉等无形资产，要求商业开发活动应当服务于项目发展和运动队建设，同时要依法保障运动员的权益，兼顾各方利益，明确对运动员商业活动进行合同管理。同时，规定了各单位为项目发展进行的集体商业开发活动，涉及或需要使用国家队运动员个人或集体形象的，可以根据本项目的具体情况在合同中一并约定。

（二）现有法律对运动员形象权保护的局限性

从我国的现行立法和法律实践来看，已有不少对于运动员形象权保护的规定，如民法中对于人格权的保护、商标法的保护、反不正当竞争法的保护等。虽然现行法律为运动员形象权的实现提供了法律依据，但是在日益商品化的今天，我们应看到现行法律的规定已无法完全满足形象权保护的需要，存在着很多局限。①

1. 通过人格权保护的局限

首先，人格权的保护范围无法涵盖所有形象权的客体，人格权始于出生（或成立），终于死亡（或消灭），为自然人终生享有或法人在存续时间享有。而形象权作为一种特殊的财产权，其保护还可以延伸到已去世的知名运动员，他们的形象权由其继承人享有并行使。其次，形象权主要是通过转让或许可使用其人身标示来得以实现，而人格权的权利与主体之间则具

① 参见钟薇《体育法热点问题研究》，知识产权出版社 2013 年版，第 34 页。

有不可分离的属性，不可转让、许可使用或者放弃。

2. 通过商标权保护的局限

我国仅对依法经过注册的商标予以保护，而并非所有的人格特征都可以注册成为商标，如声音等，这就使得部分的形象权保护被排除在外。而且商标权有有效期的限制，以及要求商标须持续使用，否则可能招致撤销的规定等，这些都不符合形象权使用的特性。

3. 通过反不正当竞争法保护的局限

主要在于反不正当竞争法保护的主体具有特定性。根据《中华人民共和国反不正当竞争法》第二条的规定，主体主要是“经营者”是指从事商品经营或者营利性服务的法人、其他经济组织和个人。反不正当竞争调整的是在市场经济中产生的各种社会主体，它的规范对象是竞争者，其主体亦在竞争者之间。这便极大地限制了反不正当竞争法保护的范围。1996年WIPO（世界知识产权组织）编撰的《关于反不正当竞争保护的示范规定》第一条（一）款界定为“在工商业活动中违反诚实的习惯做法的任何行为或做法应构成不正当竞争”，这使得其保护范围有很大的突破，但主体上仍局限于自然人和法人，不能完全适应形象权的保护。

4. 体育法规章保护的局限

2001年，我国出台了《国家体育总局关于运动项目管理中心工作规范化有关问题的通知》。该通知规定“运动员从事商业性广告活动应经所属的全国性单项体育协会批准，并由协会通过合法的广告中介机构办理”，同时规定了商业性广告收入按照运动员个人50%、教练员和其他有关人员15%、全国性单项体育协会15%、运动员输送单位20%的比例进行分配。

但该通知只涉及运动员形象权开发之后利益分配的问题，并没有明确运动员形象权的归属问题。2006 年在《国家体育总局关于对国家队运动员商业活动试行合同管理的通知》中规定："运动员商业活动中价值的核心是无形资产，包括运动员的姓名、肖像、名誉、荣誉等。"随着我国体育社会化程度的不断提高，体育投资主体多元化、利益多元化的趋势日趋明显，但在我国现阶段，发展竞技体育是国家的重要任务，国家投入仍然是竞技体育发展的主要渠道和主要保障。对多数运动项目而言，运动员无形资产的形成，是国家、集体大力投入、培养和保障的结果，同时也离不开运动员个人的努力。国家队的主要任务是完成训练和比赛任务，为国争光，运动队和运动员的一切行为都应围绕这一核心任务进行。商业开发活动应当服务于项目发展和运动队建设，有利于运动队的教育和管理，不得冲击队伍的正常训练秩序，影响队伍的稳定和发展。要保障国家队训练竞赛任务顺利完成，同时依法保障运动员的权益。各单位应当根据本项目实际情况和工作需要，与进入国家队的运动员签署相关合同，对国家队运动员商业活动进行管理。要围绕国家队运动员的商业活动，明确约定管理单位与运动员的基本关系及相关权益的处置，明确运动员商业开发活动权利主体、运作主体、运作模式、运作程序、相关权利义务、违约责任等。各运动项目国家队的管理体制和模式存在较大差异，在运动员管理模式上也不尽相同。各单位应当在遵守有关政策规定的前提下，根据本项目国家队的自身情况，如国家队组织模式、集训时间、队员来源和身份、运动员与国家队的关系等，认真研究确定双方在运动员商业活动方面的相互关系，明确权益。①

从1996年国家体委出台505号文件到2006年国家体育总局的规定的转变，表明我国正逐渐意识到商业化不断侵入体育领域的今天，无形资产的归属不能再像过去那样一刀切地归于国家所有了。然而，从2006年这份文件的叙述中可以看出：首先，仍是在反复强调中国的体育事业包括运动员，是国家投入的结果；其次，第二条虽表明在商业活动中的关系利益等可以协商，但始终没有明确我国竞技运动目的无形资产及开发权的归属或分成问题。规定上的模糊，就给了实际执行中很大的自由裁定空间，这无疑为运动员形象权的保护埋下了隐患。

五、国外在运动员形象权保护上的经验

在欧洲国家运动员形象许可协议中，通常都有个典型的"权利许可"条款。该条款将形象权定义得非常广泛：许可其人格要素作为以下用途使用的权利——拍摄电影、电视（包括直播与转播），广播（包括直播与转播），制作录音、动漫、录像和电子图片（包括但不限于电脑制作的形象、静态图片、个人影像），产品代言和各类媒体广告，以及使用其个人的姓名、肖像、签名、生平经历和成果（包括著作权和其他知识产权）等，包括但不限于个人的实际或模拟的肖像、声音、照片、表演、个人特征和其他表示其身份的要素进行促销和商

① 参见郑李茹、田学礼《我国国家队运动员无形财产开发权问题研究》，载《南京体育学院学报》2009年第5期。

业化使用的权利。[1]

关于形象权的讨论焦点不仅在于形象权的内容，还有个更重要的问题是其权利归属问题。尤其是当运动员属于某一体育组织或某个团队的时候，这个问题就更加突出。以英超联盟的球员雇佣合同为例，其中的第四条就是关于运动员形象权商业化利用的有关条款，该条款首先对形象权的权利归属进行了规范。根据该条款的规定，球员进入英超联盟后，其所代言和接受赞助的商标和产品不得与俱乐部代言的商标和产品、俱乐部的两个主要赞助商或商业合作伙伴以及联盟的最主要赞助商的商标和产品相冲突或竞争，加入英超联盟之前已经存在的商业化行为除外。

2004年，德国一家电子游戏制造商“电子艺术公司”（Electronic Arts，简称EA）在其开发的国际足联（FIFA）足球电脑游戏中使用了德国前国家队守门员奥利弗·卡恩（Oliver Khan）的形象。卡恩认为，未经本人同意而使用自己的形象是种侵权行为，并提起了诉讼。而该公司的抗辩理由是该使用虽未获得卡恩本人的授权，但公司已与德国国家足联以及国际足联签订了有关游戏开发的协议，协议中明确规定公司可以在电子游戏中使用德国足联俱乐部球员的肖像制作虚拟游戏形象。但在此案中，法院最终支持了卡恩的诉讼请求。

运动员形象权的权利归属至少涉及以下主体：运动员、俱乐部、主办单位、体育协会、体育行业监管机构。运动员个人的形象权到底属于哪个主体，这是个很复杂的问题，很难从立

---

① 参见刘进《欧洲国家对运动员形象权的法律保护》，载《体育学刊》2007年第7期。

法上给予统一规定。

从欧洲国家处理形象权归属冲突的实践来看，形象权的归属冲突主要存在于运动员与其雇主或者行业协会之间，其现有的处理办法有以下几点是值得借鉴的：第一，尊重运动员加入某组织和团队前行使形象权的自由；第二，在加入某一组织或团体之后，仍然给予运动员一定的行使个人形象权的自由，只要其形象商品化行为不与体育组织或团队的商业行为相抵触和冲突即可，并将该要求在事前的雇佣合同中加以明确；第三，除运动员个人所接受的雇佣合同的规定外，运动员所在的组织和团体和其他任何组织和个人不得以任何方式损害或剥夺运动员个人的形象权。[①]

六、对我国运动员形象权保护的法律建议和要注意的问题

（一）对我国运动员形象权保护的法律建议

运动员形象权的法律保护是当今法学界尤其是体育法学界研究的一个新课题，世界各国的立法、判例和学术界都在积极探讨寻找一种有效的调整方式，相关国际组织也对形象权问题予以关注。

具体到我国运动员的形象权保护而言，从现有有效的法律制度分析，人格权法、商标权法、反不正当竞争法等都可以找出适用的法律依据，但从每一个角度分析又都存在难以克服的

① 参见钟薇《体育法热点问题研究》，知识产权出版社 2013 年版，第 36 页。

缺陷和不足。“在一般民法的人身权与版权之间，以及在商标权、商号权、商誉（goodwill）权与版权之间，存在着一个边缘领域（指形象权），正像把工业版权领域的问题无论放到工业产权领域还是放到版权领域，都不尽合理一样，把这一边缘领域的问题无论单放到人身权（或商标权）领域还是单放到版权领域解决，也都难得到令人满意的答案。”①

我国现行法律中还没有形象权的概念，对体育产业化过程中出现的相关问题，有关部门不得不从传统的人格权法中去寻找法律适用的依据，但人格权和形象权表现形式的相似不能掩盖其基本性质的差异，人格权解决不了形象权作为财产权应该解决的问题。“姚明状告可口可乐侵权案”直接引发了众多法学界人士对原国家体委1996年颁布的505号文件《关于加强在役运动员从事广告等经营活动管理的通知》的合法性问题的质疑。该通知中明确规定：“国家级运动员的肖像权等无形资产都属于国家所有。”这一规定的无奈在于，体育实际工作部门在长期的体育实践当中，已经意识到肖像等人格标志具有商业价值，认定其是无形资产，因而实际上将其纳入财产权的范围加以管理，遵循的是投资者和劳动者共同分配经济收益的原则，但在目前法律制度下，他们所能使用的法律概念却只能是肖像权、姓名权等具体人格权。这样，法律和经济在逻辑上发生了冲突。

形象权旨在保护人格的标识要素，因此，凡是某一要素能指称某特定的人物形象，增强商品或服务对消费者的吸引力，能使顾客产生某种特定的联想并发挥符号的指引功能，就有可

① 郑成思：《知识产权法》，法律出版社1997年版，第31～32页。

能产生形象权。形象权作为一种财产性权利，可以转让也可以许可他人使用，在立法上引进形象权，可以充分保护我国运动员形象所具有的经济价值。

可以预见的是，随着人们权利意识的增强以及市场经济的继续发展，在我们身边将会有越来越多的形象权侵权纠纷案件的发生。在形象权侵权案件普遍发生，使得现有法律对形象权的保护显得不够周延和到位的时候，我国可以在法律中确立形象权。

但是，形象权作为一种为少数人所实际拥有的权利，目前不可能通过普适性的立法来广泛确认，从而得到保护。现阶段，在立法上不具有引进形象权的可行性，可运用现有法律进行综合保护。形象权的设立主要是为了防止他人未经权利人许可对其形象进行商业化的使用。只要权利人同意，运动员的形象是可以用来进行交易的，这种交易属于私法领域，受到私法的调整。私法领域属于交易社会，交易的本质就是权利之间的互相交换与互相限制。在对他人权利进行限制时，私法不可能实现每一项合同权利都有法律上的依据。考虑到国家对运动员培养的投入，可以由运动员与体育管理部门签订部分转让形象权的合同，其一部分形象权（或形象利益）由体育管理部门代表国家进行支配。这样，既兼顾了国家的利益，也符合我国民法的基本原则。

目前，我国司法对形象权的保护还必须借助于有关侵权法、人格权法、知识产权法、反不正当竞争法等具体法律规范体系以及《民法通则》中的一般条款来落实，并以肖像权、姓名权等权利的名义来实现。

（二）运动员形象权保护中值得注意的问题

1. 运动员知名的标准

我们认为，只有知名运动员才实际上享有形象权，但是知名的标准是什么呢？也许奥地利最高法院1982年的一个判例可以给我们一个正确答案。一个自认为较有名气的自行车运动员阿道夫被一名摄影师拍了照片，后来照片未经他许可被一家体育用品商店连同其他运动员的照片一起使用在商品广告上，于是阿道夫向法院控诉商店侵犯其肖像权，并要求按每件商品售价的一定比例提成作为赔偿。最高法院认为，该运动员的肖像被商业性使用，确实应视为侵犯肖像权，但至于按什么标准赔偿，或应否赔偿，要看商店在实际销售中该运动员的肖像起了多大作用。如果从消费者那里抽样取证的结果表明：顾客购物时根本没有注意到广告中该特定运动员的肖像，则说明该运动员的名气尚不足以使他具有形象权，于是可能不存在赔偿问题。

该案中，法院的意见表明，使用一个人的肖像是否应当赔偿以及应当按照何种标准赔偿，取决于消费者是否因其肖像而进行了购买，而消费者做出这一购买行为与否正是决定于这位运动员有无“名气”。因此，将运动员的姓名、肖像作商业性使用时，如果该运动员“知名”，足以产生对顾客的吸引力，则其姓名肖像是形象权的对象，受形象权保护；反之，该运动员不知名，顾客购物时根本没有注意到他，则不是形象权对象，只能受别的权利保护（如该案中受肖像权保护）。[1]

---

① 参见朱妙春、朱川《知名人物的商品化权及其法律保护》，载《法学》1998年第8期。

2. 应该对形象利益在国家、集体和运动员个人中进行合理的分配

我国的竞技体育实行的是“举国体制”。从业余体校、专业体校到省市体工队再到国家队，运动员要通过层层输送选拔，而能够成为世界冠军的只是极少数人。在这个过程中，运动员的培养依靠国家大量人力、物力、财力的投入。但是，随着社会主义市场经济的不断完善，竞技体育商业化进程的加快，运动项目职业化地推进“举国体制”，竞技体育与市场经济的矛盾越来越显现。竞技体育运动员同训练单位在物质利益上产生的争议，只是这种矛盾的表现形式之一。对运动员形象商业收益的分配不能“一刀切”，而应根据不同运动员项目的特点区别分配比例：对于职业化程度高，更多靠运动员自身努力和投入的，则应提高运动员的分配比例；而对于国家“包办”程度高，国家在人力、物力、财力等方面投入高的，则应提高国家的分配比例。①

3. 应该将运动目的的形象要素区分为“个人要素”和“运动员要素”

对于运动目的的形象要素应区分“个人要素”和“运动员要素”两种类型，并对这两种类型的形象要素的商业价值进行不同的分配。②

所谓运动员形象要素中的“个人要素”，是指运动员个人去以任何方式直接或者间接显示其与运动队或所从事的运动项

---

① 参见钟薇《体育法热点问题研究》，知识产权出版社 2013 年版，第 36 页。

② 同①，第 37 页。

目有关的肖像、姓名或别名、声音等个人特征；而形象要素中的“运动员要素”，是指运动员个人的以任何形式涉及或者展示与运动队或所从事的运动员项目有关的肖像、姓名或者别名、声音、体育动作等运动员特征。

一个运动员存在这样两种不同的人格标识的主要理由是：一个自然人在赛场上奔跑时，其肖像、动作等仅反映个人的信息。但一个自然人身穿特定的运动服、手握运动器械在赛场上竞技时，其肖像、动作等则传达了运动员的信息。“运动员要素”相较于“个人要素”，能够产生更大的商业利益，在于前者传递了“优胜”、“第一”、“拼搏”、“健康”等良好信息，可以为商业所用，而后者一般无法传递相同的信息。就两类形象要素的形成过程来说，也是有着明显区别的。“个人要素”的形成，取决于先天的继承、后天的教育、生活环境和经历等；而“运动员要素”的形成，既有先天继承因素，也有后天对竞技能力进行训练的因素。比如，运动员潇洒的动作、矫健的形象均是其竞技能力的体现，乃至运动员表现的刚毅神态的肖像，都是竞技能力意志品质的体现。[1]

对于运动员形象要素中的“个人要素”，其商业利用的物质利益应归其所有。比如，英国足球明星贝克汉姆做洗发水生产商 Brylcreem 的广告，由于不涉及体育方面的形象，因此被认为没有违反劳动合同。[2] 形象要素的“运动员要素”商业利用所带来的物质利益，则应根据各有关方面在培训运动员竞技

① 参见钟薇《体育法热点问题研究》，知识产权出版社 2013 年版，第 37 页。

② 参见赵豫《运动员形象权的法律保护》，载《体育学刊》2005 年第 2 期。

能力中作用的大小和投入的多少，合理地确定其参与物质利益分配的比例。

4. 形象权的合理限制

运动员只有通过自己的辛勤劳动才可以成为体育明星，才能获得较高的社会评价和经济利益，因此，必须要对他的形象权予以保护。但是，任何不经限制的权利都会走向另一极端，所以正如法律明文规定著作权、专利权的强制许可和合理使用一样，对形象权也应当规定其受限制的范围，以更好地实现该制度的价值。

“言论自由”是宪法赋予公民的一项基本政治权利，即公民对国家和社会的各项问题有自由发表意见的权利，如言论自由权与运动员形象权发生冲突，理所当然地应保护所有公民的言论自由权利。例如，因新闻报道、公众娱乐（主要是模仿或滑稽模仿）需要而使用了运动员形象，应属合理使用。当然，言论自由也是有限度的，以不侵犯运动员的名誉、商誉等利益为前提。

“公序良俗”原则是现代民法一项重要的法律原则，是指一切民事活动不得有违于公共秩序和善良风俗，否则该行为将受到否定性的评价。一般认为，公序，是指社会秩序，包括政治、经济、文化等公共秩序；良俗，是指社会道德，涉及社会存在与发展所必要的一般道德、伦理和风俗等。运动员形象的商品化，并不意味着形象使用的无序化、非正当化，对违反公序良俗原则的行为，法官可依社会正义的一般观念确认其为无效。[1]

---

① 参见吴汉东《形象的商品化与商品化的形象权》，载《法学》2004 年第 10 期。

"首次销售权利穷竭"原则本来是指当著作权的拥有者授权特定的生产者在商品中使用他们的著作，他们就没有权利再控制这些商品将来的传播和销售。在这里，所谓权利穷竭，是指含有知名运动员形象的商品以合法方式销售后，无论该商品辗转何人之手，运动员均无权再控制该商品的流转，即运动员行使一次即耗尽了有关形象权，不能再次行使这一制度设计，既维护了形象权人对其形象商品化的获益权，又维护了该特定商品购买人的合法利益，避免了贸易中的无限制垄断，为商品的自由流通消除了障碍。①

虽然形象权作为自然人所享有的具体的财产权利，应该受到法律的保护，他人未经权利人许可不得擅自使用其形象，但在某些情况下，法律出于维护社会公共利益的需要，允许对名人形象进行合理使用。所谓形象的合理使用，是指他人虽未经形象权人同意而使用其形象，但法律规定不构成侵犯其形象权的情形。从我国现行立法、司法实践以及现实需要来看，合理使用主要包括以下情形：①为了科学研究和文化教育的目的而在一定范围内使用他人形象。②新闻报道和理论监督时使用他人形象。新闻报道经常需要使用与报道相关的人的形象，有时甚至就是直接通过现场拍摄来完成的。因此，如果使用人是出于舆论监督的目的而使用他人形象，作品反映的人和事具有较强的新闻性，且与公共利益、社会利益相关，则应当允许使用有关人员的形象。③善意使用政治家以及公众人物形象。公共人物从事的活动通常都与社会公共生活相关，其所从事、出席

① 参见吴汉东《形象的商品化与商品化的形象权》，载《法学》2004 年第 10 期。

的一些社会活动往往成为社会新闻的组成部分，此时，应当允许善意使用其形象。④为自然人本人的利益而使用其形象。例如，寻找下落不明的亲人而在报纸上刊登其照片。⑤国家机关为执行公务而使用自然人的形象。例如，通缉罪犯时附上其照片。⑥公共场所的必要限制，如参加集会游行、庆典等，他人未经本人同意而拍摄公共场所的场景，如果涉及某人的形象，但该人物的形象在场景中并不突出，则也不构成侵权。⑦描述历史性事件时使用他人形象。例如，某人在电影、电视等作品中描述某个历史性的事件，其中涉及他人形象的，也不构成侵权。

运动员的隐私权

近年来，随着我国竞技体育取得的辉煌成绩和体育商业化的快速发展，知名运动员的隐私权保护问题日益突出。本文将从隐私权的含义、特殊性、侵犯隐私权的责任承担等方面加以分析。

一、隐私权的含义、内容

隐私权是指自然人享有的私人生活安宁与私人生活信息依法受到保护，不受他人侵扰、知悉、使用、披露和公开的权利。[①] 隐私是指自然人不愿意被他人知晓，或不愿意被他人侵扰的个人生活和个人信息。“隐”是指自然人不愿其事为他人所知晓；“私”是指其事仅与该自然人的利益或者人身发生联系，而无关公益。隐私权就是指自然人控制其隐私的权利，这是一种精神性的人格权。隐私权的内容主要包括：①个人生活安定权，也称个人生活自由权。即权利主体有权按照自己的意志从事或者不从事与社会利益无关的活动，不受他人的干涉、破坏和支配。②个人生活信息保密权。权利主体有权禁止他人

① 参见王利明《民法》，中国人民大学出版社 2008 年版，第 616 页。

非法知悉、使用、披露或者公开个人生活信息，如身体缺陷、婚姻史、财产状况等。③个人通信秘密权。权利主体对个人信件、电报内容有权加以保密，对自己的电话、传真、电子信箱的号码及其内容加以保密的权利，有权禁止他人未经许可窃听或者查阅。④个人隐私使用权。权利主体有权依法自己使用或者许可他人使用隐私，并有权决定使用隐私的方式，任何人或者组织不得非法干涉。

作为隐私权客体的隐私具有秘密性，因此，只要未经隐私享有者同意通过披露等方式使得隐私为他人所知，就构成对隐私权的侵犯。除此以外，隐私还必须具有真实性。如果行为人传播了对权利人不利的虚假事实，则可能构成侵犯名誉权的行为，但不构成侵犯隐私权的行为。隐私是奠基于人格尊严之上的，尊重个人的隐私，实际上就是尊重个人的尊严，对于个人的私人生活自由和安宁的保护，有利于建立和谐的社会和良好的人际关系、社会关系；同时，隐私体现了对个人自主决定个人信息的利用、自由决定自己的生活方式等的尊重，从而为个人人格的发展奠定了基础。因此，保护隐私权是十分必要且重要的。

二、我国知名运动员隐私权保护的现状和必要性

我国大多数知名体育运动员缺少应对媒体的经验，没有或欠缺保护自己隐私的理念，自己或其亲友往往会在无意之中公开本属自己隐私的事项，或者在自己的隐私被非法曝光后不知所措、行为过激，以至于无法弥合与媒体、公众的关系，使自己的心态、竞技状态、事业发展都处于一种被动状态。同时，

由于我国体育竞技事业起步较晚，教练员、运动队、俱乐部甚至体育管理机构还不能把握保护运动员隐私与吸引社会关注之间平衡关系，隐私权保护意识也不强，有时为宣传某一运动项目，为获得国家、社会的支持，或为运动队、俱乐部的利益而不当牺牲运动员的隐私却不自知。

知名运动员为了国家、集体、俱乐部的利益，付出了艰苦的劳动，承受着常人难以忍受的训练强度。如果知名运动员个人信息、私人生活被频繁曝光则会破坏他们内心的安宁并困扰他们的生活，进一步影响到训练和比赛成绩。因此，知名运动员自身应当对自己的隐私范围有个清楚的界定，即哪些事项应当公之于众，哪些不应当公之于众，必须做到心中有数，同时及时提醒其亲友约束他们的言行。另外，教练员、运动队、俱乐部和体育管理机构也应当树立保护知名运动员隐私的理念，媒体和社会公众也不能出于猎奇心理而无限制地挖掘运动员的隐私，在全社会树立保护知名运动员隐私的基本理念，这样不仅能够保证运动员在不受干扰的情况下多出成绩、出好成绩，为国家、集体和俱乐部争光，同时也能够促进我国体育运动竞技体育的可持续发展。

三、知名运动员隐私权保护的特殊性

尽管隐私是应当受到保护的，但是对隐私的保护具有有限性，要受到公共利益的限制，即涉及公共利益的个人信息和资料，不属于法律保护的范围。因为当个人隐私与公共利益发生联系的时候，往往不可避免地会成为新闻报道的内容，此时如果对这些隐私的公布进行限制，就有可能损害公众的知情权，对公共利益的保护不利。因此，当个人隐私与公共利益发生冲突时，公民的隐私权保护就处于次要地位。这在涉及公众人物时表现得最为明显。

公众人物的隐私权保护具有特殊性。如前所述，公众人物基于其身份、角色，已经获得很多利益，如社会的普遍尊重、较好的物质待遇、成就感等。因此，与一般人相比，他们对公众负有更大的义务。对于关涉公众利益的情事，公众人物的有关信息和资料就应当具备透明性。体育运动员，尤其是著名的体育运动员就属于公众人物，其隐私权的保护受到限制。

参加体育比赛是有资格限制的，如最低参赛年龄。因此，为了保障竞技体育的公正性，需要在比赛时公布一些运动员的个人信息。比如，在2008年北京奥运会期间，有媒体质疑中国某些女体操运动员的年龄、国际奥委会也要对此进行调查时，我国相关体育管理部门则对该信息予以公开，接受公众、国际奥委会的监督，以体现“公平、公正、公开”的精神。

运动员有很多的支持者，如球迷、体操迷等，他们对于运动员的身体健康等的关注度是很高的，因此公布这些信息也是对球迷负责的体现。例如，著名的跨栏运动员刘翔因脚跟的伤病在北京奥运会赛场退赛及其后到美国手术治疗的各种细节经过，应是很多关心刘翔的社会公众想了解的内容，也与刘翔从事的职业有密切的关系，因此刘翔的教练孙海平、领队在刘翔退赛后召开新闻发布会向媒体说明情况，在刘翔去美国治疗时，在手术完成后又由孙海平、领队向公众报告手术情况都不属于刘翔的隐私，因此能够成为媒体报道的内容。再如，很多篮球爱好者对美国NBA球员的个人信息，包括身高体重、伤病、俱乐部转会经历、球路风格等了如指掌，这些都是允许的，这些信息也是运动员为了更好地获得球迷们的支持而必须公开的，因此不属于隐私范围。总之，只要是与其职业相关的、关涉公众利益的信息与资料，就不在运动员隐私权保护的范围之内。

对知名运动员隐私权限制的主要理由在于满足公众的合理兴趣。[①] 公众的合理兴趣有时虽不与某种明确的公众利益相关，但公众的兴趣有助于人们对体育运动的了解和热爱，有助于形成热爱体育的社会氛围，推动体育事业的发展。问题的关键是判断何谓公众的合理兴趣，我们无法给予准确的定义，只能说那些与社会公共利益直接相关的隐私属于公众的合理兴趣范围，对该部分隐私的探知和传播不构成对知名运动员隐私权的侵犯。这里包括两种情况：①违法犯罪行为。有的知名运动员出入色情场所、赌博场所等，这些行为违反了治安管理法甚至构成犯罪行为，媒体给予曝光和揭露属于对名人正当的媒体监督，不构成侵犯隐私权。②违反社会公德。知名运动员的行为违反社会大众公认的道德，该行为也不应属于其隐私，如有的运动员对父母亲不孝顺、吸毒以及在公共场合酗酒打架等情况。2009 年初美国著名游泳运动员菲尔普斯吸大麻的新闻一出，就有一家公司终止了与他的广告代言合同，因为在社会一般人看来，菲尔普斯的吸毒行为会给青少年顾客带来不良的影响。

---

① 参见张新宝《隐私权的法律保护》，群众出版社 1997 年版，第 103 页。

四、知名运动员隐私权的具体内容

运动员的隐私权受到限制这并不等于说运动员没有隐私权，如果媒体和个人热衷于挖掘、报道运动员的私事，甚至完全与其职业、公共利益无涉，就将构成对其隐私的侵犯，运动员完全可以诉诸法律。隐私权首要的作用和功能在于确保其在私人领域自由决定和自由行动的权利，因此隐私权的具体权利内容主要包括隐私保有权、隐私利用权。[①]

隐私保有权，即知名运动员有权对与社会公共利益无关的私人信息、私人领域和私人活动加以保护和隐瞒，以维护自己人格的圆满和生活安宁。对于运动自身与公共利益无关的隐私，运动员都有权利予以隐瞒，以维护自己的人格尊严。他人，包括亲友、教练员、运动队、俱乐部或体育管理组织如果掌握运动员的这些隐私也不得随意公开，否则即构成侵犯隐私权。尤其是要注意以下三个方面：

第一，家庭内部隐私一般不宜公开报道，虽然有些运动员的家庭背景、成长经历方面的报道可能有励志的效果。所谓家庭隐私，是以家族关系、血缘关系、婚姻关系为基础形成的隐私，具体包括家庭成员的情况、婚姻状况（如离婚史等）、是否为过继、父母子女关系及夫妻关系是否和睦、个人情感生活、订婚的消息等，这些都属于家庭隐私的范畴。这些隐私除非经过运动员的同意，否则不应予以刺探或者报道。

---

① 参见许添元《体育明星隐私权的法律保护》，载《成都体育学院学报》2005 年第 5 期。

第二，个人经历隐私。这主要是指个人对其以往的生活经历所享有的隐私权，包括个人的婚姻史、过去的恋爱经历、交友的经历等。如果媒体未经运动员同意而公开这些个人经历隐私或家庭隐私，则将构成对其隐私权的侵犯，将受到法律的追究。

第三，私人空间。私人空间是指个人居所或临时处所或私人所有之物，诸如箱、包、日记、书信等。住宅是主要的私人空间。除住宅外，私人空间还包括更衣室、电话亭等。知名运动员对这些私人空间享有隐私权，任何人未经许可不得擅自闯入其私人所有的、合法占有的房屋，也不得非法采用有红外线扫描、高倍望远镜探测、长焦距拍照等手段窥视个人空间，否则即构成对运动员隐私权的侵害。在2008年北京奥运会期间，比赛场馆内的兴奋剂检测间作为一种私人空间，也都为了保护运动员的隐私而不再设探头，同时禁止使用拍照或录像设备。据北京奥组委运动会服务部反兴奋剂处专家介绍，在整个受检及取样过程中，运动员不会受到与检查无关的人员监视。兴奋剂检查工作人员必须遵守的纪律之一，就是绝不能泄露运动员的隐私和有关检查的详细信息，不设探头也是对运动员隐私权的保护。①

隐私利用权，即知名运动员为了满足一定的物质利益或精神利益需要，依法按自己的意志对其隐私加以使用、公开或处分的权利。知名运动员为满足自己需要，可以利用自己的隐

① 参见杨文《兴奋剂检测间禁用手机——保护运动员隐私不设探头》，见 http:// www. sports. cn. yahoo. com/07 – 11 – /357/29y30. html，2011 年 10 月 16 日访问。

私，也可以按照自己的意愿对部分隐私予以处分。比如，出版自己的日记，将自己的成名历程和竞赛经历写成书出版，准许媒体参观、拍摄自己的居所，同意他人使用自己的肖像、身体拍摄广告，等等。

隐私保有权和利用权都是知名运动员对自己的隐私主动予以控制的权利。另外，知名运动员认为某些事项属于自己的隐私而意图予以控制，但社会公众又认为这些事项是其应当了解的内容而予以获取，这两者就存在保护与限制的冲突，判断是应当予以隐瞒的隐私还是应当公开的事项涉及隐私权与知情权的平衡。知情权是获取某种信息的权利，新闻自由和信息公开是实现知情权的重要途径。当某一信息涉及公共利益、公共需求或政治利益时，隐私权的保护应让位于知情权，应当允许公开不得隐瞒。比如，在 2008 年北京奥运会期间，有媒体质疑中国某些女体操运动员的年龄、国际奥委会也要对此进行调查时，我国相关体育管理部门则对该信息予以公开，接受公众、国际奥委会的监督，以体现“公平、公正、公开”的精神。①

五、侵犯隐私权的责任承担

基于隐私权秘密性的特点，只要未经隐私享有者同意通过披露等方式使得隐私为他人所知，就构成对隐私权的侵犯。对于隐私权，《民法通则》没有做出规定。1993 年《最高人民法院关于审理名誉权案件若干问题的解答》第七点在关于侵害

---

① 参见钟薇《体育法热点问题研究》，知识产权出版社 2013 年版，第 24 页。

名誉权的责任认定问题上指出，“对未经他人同意，擅自公布他人的隐私材料或以书面、口头形式宣扬他人隐私，致他人名誉受到损害的，按照侵害他人名誉权处理”。这一规定以侵害名誉权的方式来保护隐私权，解决隐私权纠纷。尽管没有明确确认隐私权，但肯定其属于一种人格利益的价值，以侵害名誉权的方式加以保护。虽然隐私权和名誉权之间具有一定的相似性，对这两类权利的保护都受到公共利益的限制，但是，隐私权与名誉权有实质性区别，二者的权利内容有着很大的不同，应当区别对待。为了更好地保护自然人的隐私，2001 年《最高人民法院关于确定民事侵权精神损害赔偿责任若干问题的解释》第一条规定：“违反社会公共利益、社会公德侵害他人隐私或者其他人格利益，受害人以侵权为由向人民法院起诉请求赔偿精神损害的，人民法院应当依法予以受理。”这里虽然是以人格利益来界定隐私，但是毫无疑问，它已经成为一种独立于名誉权的权益受到法律的尊重和保护。而最新颁布的《侵权责任法》第二条更是明确规定，隐私权属于民事权益，且是一种与名誉权等权利并列的独立权利类型，如果侵害隐私权，则应承担侵权责任。这一法律规定使得对隐私权权利的保护更进一步。

隐私权作为一种精神性的人格权，当其受到侵犯后，最核心的赔偿内容是精神损害的赔偿，对此，《最高人民法院关于确定民事侵权精神损害赔偿责任若干问题的解释》第一条规定，权利人有权要求侵害人支付精神抚慰金。侵害隐私的行为属于侵权行为，也适用侵权行为救济的一般方式，即《民法通则》第一百三十四条所规定的停止侵害、排除妨碍、消除危险、赔偿损失、消除影响、赔礼道歉等方式。

运动员的人格权

——以运动员的恋爱权为例

2004年1月2日，中国乒羽中心宣布了一项处罚决定：因为谈恋爱影响了训练，白某、李某、范某和侯某四人被调整出国家集训队，遣返回各地方队。据悉，有一次国家队进行内部分组训练，两个队员一组，练习接发球等基本技术，教练是根据每个队员的不同特点进行分组的，可没练到一半，不少队员就自己调整了配对，“情侣搭档”取代了原先的搭档。教练蔡某当时就火了，勒令相关队员做出深刻检讨。蔡某的“棒打鸳鸯”，符合教练组的一致意愿。而对此，蔡某也强调对于四位受罚的队员来说，开除可能严厉了些，但对于中国乒乓球事业和数以亿计的球迷来说，怎么处罚都不为过。作为一名运动员，当你需要为自己的事业做出牺牲时，就应该奉献出一切！除了处罚外，国家乒乓球队也想了其他办法来制约“恋爱风”。往年国家队集训男女运动员都在一个地方，这样无形中给他们谈情说爱创造了条件。2004年的集训，男队和女队首次分开。2004年1月3日，男队已奔赴厦门，而女队则进驻河北正定国家乒乓球训练中心。教练组也研究了更具体的管理细则，等两个月后男女队合练，也能让队员们“收敛”。[①] 2004年3月25日，被处罚的四名乒乓球队员白某、李某、范某、侯某四人全部重新回到国家队。至此，乒乓队“棒打鸳鸯”的事件画上圆满的句号。教练蔡某表示处罚不是目的，只是种手段，我们对于年轻队员不能一棒子打死，当初处罚他们就是希望他们能够意识到自己的错误。现在处罚的目的已经达到了，他们都已经认识到自己的错误了，那自然就回队了。[②]

本案涉及对运动员的权益保护问题。长期以来，为了保证运动员训练、比赛的效果，运动队往往限制运动员交友、通信等，这引发了关于运动员人格权保护的争论。而中国乒羽中心的上述处罚决定以及所采取的相向措施即体现了当时体育管理部门或者体育组织对于这些问题的态度。禁止运动员谈恋爱涉及是否侵犯自然人的一般人格权的行为。

一、人格权的含义、特征、基本内容

所谓人格权，是指民事主体依法固有为维护自身独立人格所必备的，以人格利益为客体的权利。人格权是民事主体依法固有的维护人格独立所必需的，以人格利益为客体的权利。人格权分为具体人格权和一般人格权。具体人格权是指民事主体

① 参见《乒球四国手退回原省》，见百灵网（http：//www. beelink . com/），2010年1月6日访问。

② 参见《国乒恋爱风波画上句号》，见百灵网（http：//www. beelink. com/），2010年3月26日访问。

依法对其特定的人格利益享有的权利。如生命权、健康权、名誉权、姓名权、肖像权等。一般人格权，是指法律赋予民事主体享有的具有权利集合性特点的人格权，是关于人的存在价值和尊严的权利。具体人格权以一般人格权为基础。一般人格权是民事主体依法对其全部人格利益享有的总括性的权利，它以“以人为本”的基础价值理念为基础，以人格平等、人格尊严、人格自由为内容，任何侵害具体人格利益以外的其他人格利益并违反上述价值理念的行为，可以认定为侵害一般人格权。[①] 一般人格权的终极目标是维护人的尊严和人格自由发展。人的尊严和人格自由发展也是一般人格权的两大基本内容。

其中，人格尊严作为一般人格权的基本内容，是一般人格权内容的核心。人的尊严是一个高度抽象的概念，难以确定其具体含义，我们可以一般性地将其理解为人作为主体而享有的自我认识、自我发展、自我决定。它主要是指民事主体作为一个“人”所应有的最起码的社会地位，并且应当受到社会和他人最起码的尊重。换言之，所谓人格尊严，即把人真正当成“人”。因此，无论自然人的职业、职务、政治立场、宗教信仰、文化程度、财产状况等有何差别，其人格尊严是相同的，绝无高低贵贱之分。但同时，对人的尊严的准确理解也必须植根于一个社会的共同感觉、共同意识，不同的社会存在不同的价值观，从而会产生不同的对“人的尊严”的理解。即使是同一个社会，也会因时间、空间的差异而存在对“人的尊严”

① 参见王利明《人格权法研究》，中国人民大学出版社 2005 年版，第160～161页。

的理解上的差异。

如果说维护人的尊严是从被动的角度来定义一般人格权的，即人人都不得侵犯他人的尊严，那么促进人格自由发展则是从主动的角度来描述一般人格权的，即人人都有权利自由发展其人格。

二、人格权在我国法律中的体现

在我国法律中，已经有一些法律确认了人格尊严，并有将其视为一种权利予以保护的倾向。《宪法》第三十八条即规定，中华人民共和国公民的人格尊严不受侵犯。《民法通则》第一百零一条虽然规定“公民的人格尊严受法律保护”，但在“侵权的民事责任”一节中没有侵害人格尊严的民事责任的规定。由此可见，《民法通则》没有规定一般人格权的概念。这导致我国人格权制度的不完整，难以适应保护一般人格利益的需要。2001 年，最高人民法院《关于确定民事侵权精神损害赔偿责任若干问题的解释》出台。该司法解释第一条规定，自然人因人格尊严权、人身自由权这些人格权利遭受非法侵害，向人民法院起诉请求赔偿精神损害的，人民法院应当依法予以受理。此处所称的“人格尊严权”是我国法律首次使用的术语，世界其他国家从未使用过。不过，该权利以人格尊严为内容，虽然我国民法没有明确规定一般人格权，但已经出现了与此相当的权利类型。

同样，关于人格发展自由，我国法律也有相应规定。例如，《宪法》第四十条即规定，中华人民共和国公民的通信自由和通信秘密受法律的保护，除特定情形外，任何组织或者个人都不得以任何理由侵犯公民的通信自由和通信秘密。

三、恋爱自由的保护

本案具体涉及的是运动员的恋爱问题。“恋爱”是一种自由恋爱，与婚姻自由所不同的是，婚姻自由是法定的自然人的自由权的内容，而恋爱自由并未以特别人格权的方式予以保护。也就是说，没有直接、特定的法律条文对其予以保护。但是，恋爱毕竟是人的一种自由，属于人格自由发展的范畴，应将其列入一般人格权之中予以保护。在本案中，中国乒羽中心认为运动员谈恋爱影响了训练，而对“参与”恋爱的几名运动员给予“调整出国家集训队，遣返回各地方队”的处罚，表明了中国乒羽中心禁止运动员谈恋爱，至少是不提倡运动员谈恋爱的态度。并且，还采取了其他措施来加强管理，且认为作为一名运动员，为了事业就应该奉献出一切。有人认为，这种管理方式和手段，以及所表明的态度实际上是对自然人恋爱自由的侵犯，妨碍了自然人的人格自由发展，没有给予运动员基本的尊重，因此，属于侵犯自然人的一般人格权的行为。受害人有权依照上述司法解释的规定，请求赔偿精神损害。[1] 但笔者认为，恋爱自由属于自然人的一般人格权，一般人格权是与人身权不可分离的权利，它体现着人的尊严和自由，它是任何情况下都不能被剥夺的做人的权利，但是不能被剥夺并不意味着在特殊情况下受到合理的限制。例如，在职业足球比赛中

---

① 参见苏号朋、赵双艳《体育法案例评析》，对外经济贸易大学出版社2010年版，第22页。

有个不成立的惯例，赛前助理教练要将队员的手机收起来统一保管，赛后再发回。这样做，一方面为了保证队员集中精力不受干扰，另一方面也避免串通打假球。为了保证比赛的正常进行，队员的通信自由在一定程度上也可以受到限制。但是，这种限制必须在法律或者合理范围之内，否则即会构成对自然人一般人格权的侵犯。[①] 就运动员的恋爱自由而言，在现阶段，体育管理部门给予一定的限制仍然具有合理性和正当性，并没有构成对运动员一般人格权的侵犯。首先，长期以来，体育事业被我国认为是一项纯公益性的福利事业，主要依靠国家财政拨款发展体育，特别是竞技体育实行的是举国体制，体育事业的主导者仍然是国家。在大部分体育项目中，运动员参与竞技体育，实现个人的运动业绩，主要是利用国家提供的物质技术条件完成的，由国家承担责任（例如竞技失败没有获得冠军或者没有取得理想成绩）的，在举国体制的环境下和为国争光的国家利益面前，要求运动员要有较强的奉献精神也是正当合理的。另外，我国现行《体育法》更看重国家管理的责任，而不是对个人权利的强调。目前，在我国体育领域，基于国家政治利益的主导，中国体育利益结构在很大程度上依然是靠国家行政权从外部进行控制来实现的，而由民法规范的横向型的利益主体结构尚未形成，所以体育管理者在训练期间限制运动员的恋爱自由，并不违反《体育法》的立法精神。

但也应该看到，随着我国经济社会的进一步发展，运动员的个人权利正越来越获得全社会的尊重。经过近几年的发展，

---

① 参见苏号朋、赵双艳《体育法案例评析》，对外经济贸易大学出版社2010年版，第23页。

目前，对于运动员谈恋爱的问题，体育管理部门或者体育组织等的态度渐渐有所变化，体现了体育运动员管理的人性化发展，以及对运动员权利、自由、尊严的重视。例如，2008 年北京奥运会冠军庞伟和杜丽恋爱的问题，“射运”中心就曾公开表示，运动员谈恋爱是自己的事，中心不会反对，而且杜丽和庞伟都很有节制，不会影响到训练比赛。还有一些体育组织对于运动员谈恋爱的问题，也表现出明显的放松管制的倾向。例如，中国羽毛球队总教练李永波对于运动员谈恋爱问题，就曾表态说，不支持，也不反对。随着我国体育体制适应社会主义市场经济体制改革的深入，公民权利意识的增强，社会金牌观念的淡化，以国家利益为核心的举国体制模式的转变，我国运动员的权利会逐渐得到普遍的尊重和保护。

附　　件

中华人民共和国宪法

（1982 年 12 月 4 日第五届全国人民代表大会第五次会议通过 1982 年 12 月 4 日全国人民代表大会公告公布施行，根据 1988 年 4 月 12 日第七届全国人民代表大会第一次会议通过的《中华人民共和国宪法修正案》、1993 年 3 月 29 日第八届全国人民代表大会第一次会议通过的《中华人民共和国宪法修正案》、1999 年 3 月 15 日第九届全国人民代表大会第二次会议通过的《中华人民共和国宪法修正案》和 2004 年 3 月 14 日第十届全国人民代表大会第二次会议通过的《中华人民共和国宪法修正案》修正）

目　录

序　言

中国是世界上历史最悠久的国家之一。中国各族人民共同创造了光辉灿烂的文化，具有光荣的革命传统。

一八四〇年以后，封建的中国逐渐变成半殖民地、半封建的国家。中国人民为国家独立、民族解放和民主自由进行了前仆后继的英勇奋斗。

二十世纪，中国发生了翻天覆地的伟大历史变革。

一九一一年孙中山先生领导的辛亥革命，废除了封建帝制，创立了中华民国。但是，中国人民反对帝国主义和封建主义的历史任务还没有完成。

一九四九年，以毛泽东主席为领袖的中国共产党领导中国各族人民，在经历了长期的艰难曲折的武装斗争和其他形式的斗争以后，终于推翻了帝国主义、封建主义和官僚资本主义的统治，取得了新民主主义革命的伟大胜利，建立了中华人民共和国。从此，中国人民掌握了国家的权力，成为国家的主人。

中华人民共和国成立以后，我国社会逐步实现了由新民主主义到社会主义的过渡。生产资料私有制的社会主义改造已经完成，人剥削人的制度已经消灭，社会主义制度已经确立。工人阶级领导的、以工农联盟为基础的人民民主专政，实质上即无产阶级专政，得到巩固和发展。中国人民和中国人民解放军战胜了帝国主义、霸权主义的侵略、破坏和武装挑衅，维护了国家的独立和安全，增强了国防。经济建设取得了重大的成就，独立的、比较完整的社会主义工业体系已经基本形成，农业生产显著提高。教育、科学、文化等事业有了很大的发展，社会主义思想教育取得了明显的成效。广大人民的生活有了较大的改善。

中国新民主主义革命的胜利和社会主义事业的成就，是中国共产党领导中国各族人民，在马克思列宁主义、毛泽东思想的指引下，坚持真理，修正错误，战胜许多艰难险阻而取得的。我国将长期处于社会主义初级阶段。国家的根本任务是，沿着中国特色社会主义道路，集中力量进行社会主义现代化建设。中国各族人民将继续在中国共产党领导下，在马克思列宁主义、毛泽东思想、邓小平理论和“三个代表”重要思想指引下，坚持人民民主专政，坚持社会主义道路，坚持改革开放，不断完善社会主义的各项制度，发展社会主义市场经济，发展社会主义民主，健全社会主义法制，自力更生，艰苦奋斗，逐步实现工业、农业、国防和科学技术的现代化，推动物质文明、政治文明和精神文明协调发展，把我国建设成为富强、民主、文明的社会主义国家。

在我国，剥削阶级作为阶级已经消灭，但是阶级斗争还将在一定范围内长期存在。中国人民对敌视和破坏我国社会主义制度的国内外的敌对势力和敌对分子，必须进行斗争。

台湾是中华人民共和国的神圣领土的一部分。完成统一祖国的大业是包括台湾同胞在内的全中国人民的神圣职责。

社会主义的建设事业必须依靠工人、农民和知识分子，团结一切可以团结的力量。在长期的革命和建设过程中，已经结成由中国共产党领导的，有各民主党派和各人民团体参加的，包括全体社会主义劳动者、社会主义事业的建设者、拥护社会主义的爱国者和拥护祖国统一的爱国者的广泛的爱国统一战线，这个统一战线将继续巩固和发展。中国人民政治协商会议是有广泛代表性的统一战线组织，过去发挥了重要的历史作用，今后在国家政治生活、社会生活和对外友好活动中，在进行社会主义现代化建设、维护国家的统一和团结的斗争中，将进一步发挥它的重要作用。中国共产党领导的多党合作和政治协商制度将长期存在和发展。

中华人民共和国是全国各族人民共同缔造的统一的多民族国家。平等、团结、互助的社会主义民族关系已经确立，并将继续加强。在维护民族团结的斗争中，要反对大民族主义，主要是大汉族主义，也要反对地方民族主义。国家尽一切努力，促进全国各民族的共同繁荣。

中国革命和建设的成就是同世界人民的支持分不开的。中国的前途是同世界的前途紧密地联系在一起的。中国坚持独立自主的对外政策，坚持互相尊重主权和领土完整、互不侵犯、互不干涉内政、平等互利、和平共处的五项原则，发展同各国的外交关系和经济、文化的交流；坚持反对帝国主义、霸权主义、殖民主义，加强同世界各国人民的团结，支持被压迫民族和发展中国家争取和维护民族独立、发展民族经济的正义斗争，为维护世界和平和促进人类进步事业而努力。

本宪法以法律的形式确认了中国各族人民奋斗的成果，规定了国家的根本制度和根本任务，是国家的根本法，具有最高的法律效力。全国各族人民、一切国家机关和武装力量、各政党和各社会团体、各企业事业组织，都必须以宪法为根本的活动准则，并且负有维护宪法尊严、保证宪法实施的职责。

第一章　总　纲

第一条　中华人民共和国是工人阶级领导的、以工农联盟为基础的人民民主专政的社会主义国家。

社会主义制度是中华人民共和国的根本制度。禁止任何组织或者个人破坏社会主义制度。

第二条　中华人民共和国的一切权力属于人民。

人民行使国家权力的机关是全国人民代表大会和地方各级人民代表大会。

人民依照法律规定，通过各种途径和形式，管理国家事务，管理经济和文化事业，管理社会事务。

第三条　中华人民共和国的国家机构实行民主集中制的原则。

全国人民代表大会和地方各级人民代表大会都由民主选举产生，对人民负责，受人民监督。

国家行政机关、审判机关、检察机关都由人民代表大会产生，对它负责，受它监督。

中央和地方的国家机构职权的划分，遵循在中央的统一领导下，充分发挥地方的主动性、积极性的原则。

第四条　中华人民共和国各民族一律平等。国家保障各少数民族的合法的权利和利益，维护和发展各民族的平等、团结、互助关系。禁止对任何民族的歧视和压迫，禁止破坏民族团结和制造民族分裂的行为。

国家根据各少数民族的特点和需要，帮助各少数民族地区加速经济和文化的发展。

各少数民族聚居的地方实行区域自治，设立自治机关，行使自治权。各民族自治地方都是中华人民共和国不可分离的部分。

各民族都有使用和发展自己的语言文字的自由，都有保持或者改革自己的风俗习惯的自由。

第五条 中华人民共和国实行依法治国，建设社会主义法治国家。

国家维护社会主义法制的统一和尊严。

一切法律、行政法规和地方性法规都不得同宪法相抵触。

一切国家机关和武装力量、各政党和各社会团体、各企业事业组织都必须遵守宪法和法律。一切违反宪法和法律的行为，必须予以追究。

任何组织或者个人都不得有超越宪法和法律的特权。

第六条 中华人民共和国的社会主义经济制度的基础是生产资料的社会主义公有制，即全民所有制和劳动群众集体所有制。社会主义公有制消灭人剥削人的制度，实行各尽所能、按劳分配的原则。

国家在社会主义初级阶段，坚持公有制为主体、多种所有制经济共同发展的基本经济制度，坚持按劳分配为主体、多种分配方式并存的分配制度。

第七条 国有经济，即社会主义全民所有制经济，是国民经济中的主导力量。国家保障国有经济的巩固和发展。

第八条 农村集体经济组织实行家庭承包经营为基础、统分结合的双层经营体制。农村中的生产、供销、信用、消费等各种形式的合作经济，是社会主义劳动群众集体所有制经济。

参加农村集体经济组织的劳动者，有权在法律规定的范围内经营自留地、自留山、家庭副业和饲养自留畜。

城镇中的手工业、工业、建筑业、运输业、商业、服务业等行业的各种形式的合作经济，都是社会主义劳动群众集体所有制经济。

国家保护城乡集体经济组织的合法的权利和利益，鼓励、指导和帮助集体经济的发展。

第九条 矿藏、水流、森林、山岭、草原、荒地、滩涂等自然资源，都属于国家所有，即全民所有；由法律规定属于集体所有的森林和山岭、草原、荒地、滩涂除外。

国家保障自然资源的合理利用，保护珍贵的动物和植物。禁止任何组织或者个人用任何手段侵占或者破坏自然资源。

第十条 城市的土地属于国家所有。

农村和城市郊区的土地，除由法律规定属于国家所有的以外，属于集体所有；宅基地和自留地、自留山，也属于集体所有。

国家为了公共利益的需要，可以依照法律规定对土地实行征收或者征用并给予补偿。

任何组织或者个人不得侵占、买卖或者以其他形式非法转让土地。土地的使用权可以依照法律的规定转让。

一切使用土地的组织和个人必须合理地利用土地。

第十一条 在法律规定范围内的个体经济、私营经济等非公有制经济，是社会主义市场经济的重要组成部分。

国家保护个体经济、私营经济等非公有制经济的合法的权利和利益。国家鼓励、支持和引导非公有制经济的发展，并对非公有制经济依法实行监督和管理。

第十二条 社会主义的公共财产神圣不可侵犯。

国家保护社会主义的公共财产。禁止任何组织或者个人用任何手段侵占或者破坏国家的和集体的财产。

第十三条 公民的合法的私有财产不受侵犯。

国家依照法律规定保护公民的私有财产权和继承权。

国家为了公共利益的需要，可以依照法律规定对公民的私有财产实行征收或者征用并给予补偿。

第十四条 国家通过提高劳动者的积极性和技术水平，推广先进的科学技术，完善经济管理体制和企业经营管理制度，实行各种形式的社会主义责任制，改进劳动组织，以不断提高劳动生产率和经济效益，发展社会生产力。

国家厉行节约，反对浪费。

国家合理安排积累和消费，兼顾国家、集体和个人的利益，在发展生产的基础上，逐步改善人民的物质生活和文化生活。

国家建立健全国经济发展水平相适应的社会保障制度。

第十五条 国家实行社会主义市场经济。

国家加强经济立法，完善宏观调控。

国家依法禁止任何组织或者个人扰乱社会经济秩序。

第十六条 国有企业在法律规定的范围内有权自主经营。

国有企业依照法律规定，通过职工代表大会和其他形式，实行民主管理。

第十七条 集体经济组织在遵守有关法律的前提下，有独立进行经济活动的自主权。

集体经济组织实行民主管理，依照法律规定选举和罢免管理人员，决定经营管理的重大问题。

第十八条 中华人民共和国允许外国的企业和其他经济组织或者个人依照中华人民共和国法律的规定在中国投资，同中国的企业或者其他经济组织进行各种形式的经济合作。

在中国境内的外国企业和其他外国经济组织以及中外合资经营的企业，都必须遵守中华人民共和国的法律。它们的合法的权利和利益受中华人民共和国法律的保护。

第十九条 国家发展社会主义的教育事业，提高全国人民的科学文化水平。

国家举办各种学校，普及初等义务教育，发展中等教育、职业教育和高等教育，并且发展学前教育。

国家发展各种教育设施，扫除文盲，对工人、农民、国家工作人员和其他劳动者进行政治、文化、科学、技术、业务的教育，鼓励自学成才。

国家鼓励集体经济组织、国家企业事业组织和其他社会力量依照法律规定举办各种教育事业。

国家推广全国通用的普通话。

第二十条 国家发展自然科学和社会科学事业，普及科学和技术知识，奖励科学研究成果和技术发明创造。

第二十一条 国家发展医疗卫生事业，发展现代医药和我国传统医药，鼓励和支持农村集体经济组织、国家企业事业组织和街道组织举办各种医疗卫生设施，开展群众性的卫生活动，保护人民健康。

国家发展体育事业，开展群众性的体育活动，增强人民体质。

第二十二条 国家发展为人民服务、为社会主义服务的文学艺术事业、新闻广播电视事业、出版发行事业、图书馆博物馆文化馆和其他文化事业，开展群众性的文化活动。

国家保护名胜古迹、珍贵文物和其他重要历史文化遗产。

第二十三条 国家培养为社会主义服务的各种专业人才，扩大知识分子的队伍，创造条件，充分发挥他们在社会主义现代化建设中的作用。

第二十四条 国家通过普及理想教育、道德教育、文化教育、纪律和法制教育，通过在城乡不同范围的群众中制定和执行各种守则、公约，加强社会主义精神文明的建设。

国家提倡爱祖国、爱人民、爱劳动、爱科学、爱社会主义的公德，在人民中进行爱国主义、集体主义和国际主义、共产主义的教育，进行辩证唯物主义和历史唯物主义的教育，反对资本主义的、封建主义的和其他的腐朽思想。

第二十五条 国家推行计划生育，使人口的增长同经济和社会发展计划相适应。

第二十六条 国家保护和改善生活环境和生态环境，防治污染和其他公害。

国家组织和鼓励植树造林，保护林木。

第二十七条 一切国家机关实行精简的原则，实行工作责任制，实行工作人员的培训和考核制度，不断提高工作质量和工作效率，反对官僚主义。

一切国家机关和国家工作人员必须依靠人民的支持，经常保持同人民的密切联系，倾听人民的意见和建议，接受人民的监督，努力为人民服务。

第二十八条 国家维护社会秩序，镇压叛国和其他危害国家安全的犯罪活动，制裁危害社会治安、破坏社会主义经济和其他犯罪的活动，惩办和改造犯罪分子。

第二十九条 中华人民共和国的武装力量属于人民。它的任务是巩固国防，抵抗侵略，保卫祖国，保卫人民的和平劳动，参加国家建设事业，努力为人民服务。

国家加强武装力量的革命化、现代化、正规化的建设，增强国防力量。

第三十条 中华人民共和国的行政区域划分如下：

（一）全国分为省、自治区、直辖市；

（二）省、自治区分为自治州、县、自治县、市；

（三）县、自治县分为乡、民族乡、镇。

直辖市和较大的市分为区、县。自治州分为县、自治县、市。

自治区、自治州、自治县都是民族自治地方。

第三十一条 国家在必要时得设立特别行政区。在特别行政区内实行的制度按照具体情况由全国人民代表大会以法律规定。

第三十二条 中华人民共和国保护在中国境内的外国人的合法权利和利益，在中国境内的外国人必须遵守中华人民共和国的法律。

中华人民共和国对于因为政治原因要求避难的外国人，可以给予受庇护的权利。

第二章 公民的基本权利和义务

第三十三条 凡具有中华人民共和国国籍的人都是中华人民共和国公民。

中华人民共和国公民在法律面前一律平等。

国家尊重和保障人权。

任何公民享有宪法和法律规定的权利，同时必须履行宪法和法律规定的义务。

第三十四条 中华人民共和国年满十八周岁的公民，不分民族、种族、性别、职业、家庭出身、宗教信仰、教育程度、财产状况、居住期限，都有选举权和被选举权；但是依照法律被剥夺政治权利的人除外。

第三十五条 中华人民共和国公民有言论、出版、集会、结社、游行、示威的自由。

第三十六条 中华人民共和国公民有宗教信仰自由。

任何国家机关、社会团体和个人不得强制公民信仰宗教或者不信仰宗教，不得歧视信仰宗教的公民和不信仰宗教的公民。

国家保护正常的宗教活动。任何人不得利用宗教进行破坏社会秩序、损害公民身体健康、妨碍国家教育制度的活动。

宗教团体和宗教事务不受外国势力的支配。

第三十七条 中华人民共和国公民的人身自由不受侵犯。

任何公民，非经人民检察院批准或者决定或者人民法院决定，并由公安机关执行，不受逮捕。

禁止非法拘禁和以其他方法非法剥夺或者限制公民的人身自由，禁止非法搜查公民的身体。

第三十八条 中华人民共和国公民的人格尊严不受侵犯。禁止用任何方法对公民进行侮辱、诽谤和诬告陷害。

第三十九条 中华人民共和国公民的住宅不受侵犯。禁止非法搜查或者非法侵入公民的住宅。

第四十条 中华人民共和国公民的通信自由和通信秘密受

法律的保护。除因国家安全或者追查刑事犯罪的需要，由公安机关或者检察机关依照法律规定的程序对通信进行检查外，任何组织或者个人不得以任何理由侵犯公民的通信自由和通信秘密。

第四十一条 中华人民共和国公民对于任何国家机关和国家工作人员，有提出批评和建议的权利；对于任何国家机关和国家工作人员的违法失职行为，有向有关国家机关提出申诉、控告或者检举的权利，但是不得捏造或者歪曲事实进行诬告陷害。

对于公民的申诉、控告或者检举，有关国家机关必须查清事实，负责处理。任何人不得压制和打击报复。

由于国家机关和国家工作人员侵犯公民权利而受到损失的人，有依照法律规定取得赔偿的权利。

第四十二条 中华人民共和国公民有劳动的权利和义务。

国家通过各种途径，创造劳动就业条件，加强劳动保护，改善劳动条件，并在发展生产的基础上，提高劳动报酬和福利待遇。

劳动是一切有劳动能力的公民的光荣职责。国有企业和城乡集体经济组织的劳动者都应当以国家主人翁的态度对待自己的劳动。国家提倡社会主义劳动竞赛，奖励劳动模范和先进工作者。国家提倡公民从事义务劳动。

国家对就业前的公民进行必要的劳动就业训练。

第四十三条 中华人民共和国劳动者有休息的权利。

国家发展劳动者休息和休养的设施，规定职工的工作时间和休假制度。

第四十四条 国家依照法律规定实行企业事业组织的职工

和国家机关工作人员的退休制度。退休人员的生活受到国家和社会的保障。

第四十五条 中华人民共和国公民在年老、疾病或者丧失劳动能力的情况下，有从国家和社会获得物质帮助的权利。国家发展为公民享受这些权利所需要的社会保险、社会救济和医疗卫生事业。

国家和社会保障残废军人的生活，抚恤烈士家属，优待军人家属。

国家和社会帮助安排盲、聋、哑和其他有残疾的公民的劳动、生活和教育。

第四十六条 中华人民共和国公民有受教育的权利和义务。

国家培养青年、少年、儿童在品德、智力、体质等方面全面发展。

第四十七条 中华人民共和国公民有进行科学研究、文学艺术创作和其他文化活动的自由。国家对于从事教育、科学、技术、文学、艺术和其他文化事业的公民的有益于人民的创造性工作，给以鼓励和帮助。

第四十八条 中华人民共和国妇女在政治的、经济的、文化的、社会的和家庭的生活等各方面享有同男子平等的权利。

国家保护妇女的权利和利益，实行男女同工同酬，培养和选拔妇女干部。

第四十九条 婚姻、家庭、母亲和儿童受国家的保护。

夫妻双方有实行计划生育的义务。

父母有抚养教育未成年子女的义务，成年子女有赡养扶助父母的义务。

禁止破坏婚姻自由，禁止虐待老人、妇女和儿童。

第五十条 中华人民共和国保护华侨的正当的权利和利益，保护归侨和侨眷的合法的权利和利益。

第五十一条 中华人民共和国公民在行使自由和权利的时候，不得损害国家的、社会的、集体的利益和其他公民的合法的自由和权利。

第五十二条 中华人民共和国公民有维护国家统一和全国各民族团结的义务。

第五十三条 中华人民共和国公民必须遵守宪法和法律，保守国家秘密，爱护公共财产，遵守劳动纪律，遵守公共秩序，尊重社会公德。

第五十四条 中华人民共和国公民有维护祖国的安全、荣誉和利益的义务，不得有危害祖国的安全、荣誉和利益的行为。

第五十五条 保卫祖国、抵抗侵略是中华人民共和国每一个公民的神圣职责。

依照法律服兵役和参加民兵组织是中华人民共和国公民的光荣义务。

第五十六条 中华人民共和国公民有依照法律纳税的义务。

第三章 国家机构

第一节 全国人民代表大会

第五十七条 中华人民共和国全国人民代表大会是最高国家权力机关。它的常设机关是全国人民代表大会常务委员会。

第五十八条 全国人民代表大会和全国人民代表大会常务委员会行使国家立法权。

第五十九条 全国人民代表大会由省、自治区、直辖市、特别行政区和军队选出的代表组成。各少数民族都应当有适当名额的代表。

全国人民代表大会代表的选举由全国人民代表大会常务委员会主持。

全国人民代表大会代表名额和代表产生办法由法律规定。

第六十条 全国人民代表大会每届任期五年。

全国人民代表大会任期届满的两个月以前，全国人民代表大会常务委员会必须完成下届全国人民代表大会代表的选举。如果遇到不能进行选举的非常情况，由全国人民代表大会常务委员会以全体组成人员的三分之二以上的多数通过，可以推迟选举，延长本届全国人民代表大会的任期。在非常情况结束后一年内，必须完成下届全国人民代表大会代表的选举。

第六十一条 全国人民代表大会会议每年举行一次，由全国人民代表大会常务委员会召集。如果全国人民代表大会常务委员会认为必要，或者有五分之一以上的全国人民代表大会代表提议，可以临时召集全国人民代表大会会议。

全国人民代表大会举行会议的时候，选举主席团主持会议。

第六十二条 全国人民代表大会行使下列职权：

（一）修改宪法；

（二）监督宪法的实施；

（三）制定和修改刑事、民事、国家机构的和其他的基本法律；

（四）选举中华人民共和国主席、副主席；

（五）根据中华人民共和国主席的提名，决定国务院总理的人选；根据国务院总理的提名，决定国务院副总理、国务委员、各部部长、各委员会主任、审计长、秘书长的人选；

（六）选举中央军事委员会主席；根据中央军事委员会主席的提名，决定中央军事委员会其他组成人员的人选；

（七）选举最高人民法院院长；

（八）选举最高人民检察院检察长；

（九）审查和批准国民经济和社会发展计划和计划执行情况的报告；

（十）审查和批准国家的预算和预算执行情况的报告；

（十一）改变或者撤销全国人民代表大会常务委员会不适当的决定；

（十二）批准省、自治区和直辖市的建置；

（十三）决定特别行政区的设立及其制度；

（十四）决定战争和和平的问题；

（十五）应当由最高国家权力机关行使的其他职权。

第六十三条 全国人民代表大会有权罢免下列人员：

（一）中华人民共和国主席、副主席；

（二）国务院总理、副总理、国务委员、各部部长、各委员会主任、审计长、秘书长；

（三）中央军事委员会主席和中央军事委员会其他组成人员；

（四）最高人民法院院长；

（五）最高人民检察院检察长。

第六十四条 宪法的修改，由全国人民代表大会常务委员会或者五分之一以上的全国人民代表大会代表提议，并由全国人民代表大会以全体代表的三分之二以上的多数通过。

法律和其他议案由全国人民代表大会以全体代表的过半数通过。

第六十五条 全国人民代表大会常务委员会由下列人员组成：

委员长，

副委员长若干人，

秘书长，

委员若干人。

全国人民代表大会常务委员会组成人员中，应当有适当名额的少数民族代表。

全国人民代表大会选举并有权罢免全国人民代表大会常务委员会的组成人员。

全国人民代表大会常务委员会的组成人员不得担任国家行政机关、审判机关和检察机关的职务。

第六十六条 全国人民代表大会常务委员会每届任期同全国人民代表大会每届任期相同，它行使职权到下届全国人民代表大会选出新的常务委员会为止。

委员长、副委员长连续任职不得超过两届。

第六十七条 全国人民代表大会常务委员会行使下列职权：

（一）解释宪法，监督宪法的实施；

（二）制定和修改除应当由全国人民代表大会制定的法律以外的其他法律；

（三）在全国人民代表大会闭会期间，对全国人民代表大会制定的法律进行部分补充和修改，但是不得同该法律的基本原则相抵触；

（四）解释法律；

（五）在全国人民代表大会闭会期间，审查和批准国民经济和社会发展计划、国家预算在执行过程中所必须作的部分调整方案；

（六）监督国务院、中央军事委员会、最高人民法院和最高人民检察院的工作；

（七）撤销国务院制定的同宪法、法律相抵触的行政法规、决定和命令；

（八）撤销省、自治区、直辖市国家权力机关制定的同宪法、法律和行政法规相抵触的地方性法规和决议；

（九）在全国人民代表大会闭会期间，根据国务院总理的提名，决定部长、委员会主任、审计长、秘书长的人选；

（十）在全国人民代表大会闭会期间，根据中央军事委员会主席的提名，决定中央军事委员会其他组成人员的人选；

（十一）根据最高人民法院院长的提请，任免最高人民法院副院长、审判员、审判委员会委员和军事法院院长；

（十二）根据最高人民检察院检察长的提请，任免最高人民检察院副检察长、检察员、检察委员会委员和军事检察院检察长，并且批准省、自治区、直辖市的人民检察院检察长的任免；

（十三）决定驻外全权代表的任免；

（十四）决定同外国缔结的条约和重要协定的批准和废除；

（十五）规定军人和外交人员的衔级制度和其他专门衔级

制度；

（十六）规定和决定授予国家的勋章和荣誉称号；

（十七）决定特赦；

（十八）在全国人民代表大会闭会期间，如果遇到国家遭受武装侵犯或者必须履行国际间共同防止侵略的条约的情况，决定战争状态的宣布；

（十九）决定全国总动员或者局部动员；

（二十）决定全国或者个别省、自治区、直辖市进入紧急状态；

（二十一）全国人民代表大会授予的其他职权。

第六十八条　全国人民代表大会常务委员会委员长主持全国人民代表大会常务委员会的工作，召集全国人民代表大会常务委员会会议。副委员长、秘书长协助委员长工作。

委员长、副委员长、秘书长组成委员长会议，处理全国人民代表大会常务委员会的重要日常工作。

第六十九条　全国人民代表大会常务委员会对全国人民代表大会负责并报告工作。

第七十条　全国人民代表大会设立民族委员会、法律委员会、财政经济委员会、教育科学文化卫生委员会、外事委员会、华侨委员会和其他需要设立的专门委员会。在全国人民代表大会闭会期间，各专门委员会受全国人民代表大会常务委员会的领导。

各专门委员会在全国人民代表大会和全国人民代表大会常务委员会领导下，研究、审议和拟订有关议案。

第七十一条　全国人民代表大会和全国人民代表大会常务委员会认为必要的时候，可以组织关于特定问题的调查委员会，并且根据调查委员会的报告，作出相应的决议。

调查委员会进行调查的时候，一切有关的国家机关、社会团体和公民都有义务向它提供必要的材料。

第七十二条 全国人民代表大会代表和全国人民代表大会常务委员会组成人员，有权依照法律规定的程序分别提出属于全国人民代表大会和全国人民代表大会常务委员会职权范围内的议案。

第七十三条 全国人民代表大会代表在全国人民代表大会开会期间，全国人民代表大会常务委员会组成人员在常务委员会开会期间，有权依照法律规定的程序提出对国务院或者国务院各部、各委员会的质询案。受质询的机关必须负责答复。

第七十四条 全国人民代表大会代表，非经全国人民代表大会会议主席团许可，在全国人民代表大会闭会期间非经全国人民代表大会常务委员会许可，不受逮捕或者刑事审判。

第七十五条 全国人民代表大会代表在全国人民代表大会各种会议上的发言和表决，不受法律追究。

第七十六条 全国人民代表大会代表必须模范地遵守宪法和法律，保守国家秘密，并且在自己参加的生产、工作和社会活动中，协助宪法和法律的实施。

全国人民代表大会代表应当同原选举单位和人民保持密切的联系，听取和反映人民的意见和要求，努力为人民服务。

第七十七条 全国人民代表大会代表受原选举单位的监督。原选举单位有权依照法律规定的程序罢免本单位选出的代表。

第七十八条 全国人民代表大会和全国人民代表大会常务委员会的组织和工作程序由法律规定。

第二节　中华人民共和国主席

第七十九条　中华人民共和国主席、副主席由全国人民代表大会选举。

有选举权和被选举权的年满四十五周岁的中华人民共和国公民可以被选为中华人民共和国主席、副主席。

中华人民共和国主席、副主席每届任期同全国人民代表大会每届任期相同，连续任职不得超过两届。

第八十条　中华人民共和国主席根据全国人民代表大会的决定和全国人民代表大会常务委员会的决定，公布法律，任免国务院总理、副总理、国务委员、各部部长、各委员会主任、审计长、秘书长，授予国家的勋章和荣誉称号，发布特赦令，宣布进入紧急状态，宣布战争状态，发布动员令。

第八十一条　中华人民共和国主席代表中华人民共和国，进行国事活动，接受外国使节；根据全国人民代表大会常务委员会的决定，派遣和召回驻外全权代表，批准和废除同外国缔结的条约和重要协定。

第八十二条　中华人民共和国副主席协助主席工作。

中华人民共和国副主席受主席的委托，可以代行主席的部分职权。

第八十三条　中华人民共和国主席、副主席行使职权到下届全国人民代表大会选出的主席、副主席就职为止。

第八十四条　中华人民共和国主席缺位的时候，由副主席继任主席的职位。

中华人民共和国副主席缺位的时候，由全国人民代表大会补选。

中华人民共和国主席、副主席都缺位的时候，由全国人民代表大会补选；在补选以前，由全国人民代表大会常务委员会委员长暂时代理主席职位。

第三节　国务院

第八十五条　中华人民共和国国务院，即中央人民政府，是最高国家权力机关的执行机关，是最高国家行政机关。

第八十六条　国务院由下列人员组成：

总理，

副总理若干人，

国务委员若干人，

各部部长，

各委员会主任，

审计长，

秘书长。

国务院实行总理负责制。各部、各委员会实行部长、主任负责制。

国务院的组织由法律规定。

第八十七条　国务院每届任期同全国人民代表大会每届任期相同。

总理、副总理、国务委员连续任职不得超过两届。

第八十八条　总理领导国务院的工作。副总理、国务委员协助总理工作。

总理、副总理、国务委员、秘书长组成国务院常务会议。

总理召集和主持国务院常务会议和国务院全体会议。

第八十九条　国务院行使下列职权：

（一）根据宪法和法律，规定行政措施，制定行政法规，发布决定和命令；

（二）向全国人民代表大会或者全国人民代表大会常务委员会提出议案；

（三）规定各部和各委员会的任务和职责，统一领导各部和各委员会的工作，并且领导不属于各部和各委员会的全国性的行政工作；

（四）统一领导全国地方各级国家行政机关的工作，规定中央和省、自治区、直辖市的国家行政机关的职权的具体划分；

（五）编制和执行国民经济和社会发展计划和国家预算；

（六）领导和管理经济工作和城乡建设；

（七）领导和管理教育、科学、文化、卫生、体育和计划生育工作；

（八）领导和管理民政、公安、司法行政和监察等工作；

（九）管理对外事务，同外国缔结条约和协定；

（十）领导和管理国防建设事业；

（十一）领导和管理民族事务，保障少数民族的平等权利和民族自治地方的自治权利；

（十二）保护华侨的正当的权利和利益，保护归侨和侨眷的合法的权利和利益；

（十三）改变或者撤销各部、各委员会发布的不适当的命令、指示和规章；

（十四）改变或者撤销地方各级国家行政机关的不适当的决定和命令；

（十五）批准省、自治区、直辖市的区域划分，批准自治州、县、自治县、市的建置和区域划分；

（十六）依照法律规定决定省、自治区、直辖市的范围内部分地区进入紧急状态；

（十七）审定行政机构的编制，依照法律规定任免、培训、考核和奖惩行政人员；

（十八）全国人民代表大会和全国人民代表大会常务委员会授予的其他职权。

第九十条 国务院各部部长、各委员会主任负责本部门的工作；召集和主持部务会议或者委员会会议、委务会议，讨论决定本部门工作的重大问题。

各部、各委员会根据法律和国务院的行政法规、决定、命令，在本部门的权限内，发布命令、指示和规章。

第九十一条 国务院设立审计机关，对国务院各部门和地方各级政府的财政收支，对国家的财政金融机构和企业事业组织的财务收支，进行审计监督。

审计机关在国务院总理领导下，依照法律规定独立行使审计监督权，不受其他行政机关、社会团体和个人的干涉。

第九十二条 国务院对全国人民代表大会负责并报告工作；在全国人民代表大会闭会期间，对全国人民代表大会常务委员会负责并报告工作。

第四节 中央军事委员会

第九十三条 中华人民共和国中央军事委员会领导全国武装力量。

中央军事委员会由下列人员组成：

主席，

副主席若干人，

委员若干人。

中央军事委员会实行主席负责制。

中央军事委员会每届任期同全国人民代表大会每届任期相同。

第九十四条　中央军事委员会主席对全国人民代表大会和全国人民代表大会常务委员会负责。

第五节　地方各级人民代表大会和地方各级人民政府

第九十五条　省、直辖市、县、市、市辖区、乡、民族乡、镇设立人民代表大会和人民政府。

地方各级人民代表大会和地方各级人民政府的组织由法律规定。

自治区、自治州、自治县设立自治机关。自治机关的组织和工作根据宪法第三章第五节、第六节规定的基本原则由法律规定。

第九十六条　地方各级人民代表大会是地方国家权力机关。

县级以上的地方各级人民代表大会设立常务委员会。

第九十七条　省、直辖市、设区的市的人民代表大会代表由下一级的人民代表大会选举；县、不设区的市、市辖区、乡、民族乡、镇的人民代表大会代表由选民直接选举。

地方各级人民代表大会代表名额和代表产生办法由法律规定。

第九十八条　地方各级人民代表大会每届任期五年。

第九十九条　地方各级人民代表大会在本行政区域内，保证宪法、法律、行政法规的遵守和执行；依照法律规定的权限，通过和发布决议，审查和决定地方的经济建设、文化建设和公共事业建设的计划。

县级以上的地方各级人民代表大会审查和批准本行政区域内的国民经济和社会发展计划、预算以及它们的执行情况的报告；有权改变或者撤销本级人民代表大会常务委员会不适当的决定。

民族乡的人民代表大会可以依照法律规定的权限采取适合民族特点的具体措施。

第一百条　省、直辖市的人民代表大会和它们的常务委员会，在不同宪法、法律、行政法规相抵触的前提下，可以制定地方性法规，报全国人民代表大会常务委员会备案。

第一百零一条　地方各级人民代表大会分别选举并且有权罢免本级人民政府的省长和副省长、市长和副市长、县长和副县长、区长和副区长、乡长和副乡长、镇长和副镇长。

县级以上的地方各级人民代表大会选举并且有权罢免本级人民法院院长和本级人民检察院检察长。选出或者罢免人民检察院检察长，须报上级人民检察院检察长提请该级人民代表大会常务委员会批准。

第一百零二条　省、直辖市、设区的市的人民代表大会代表受原选举单位的监督；县、不设区的市、市辖区、乡、民族乡、镇的人民代表大会代表受选民的监督。

地方各级人民代表大会代表的选举单位和选民有权依照法律规定的程序罢免由他们选出的代表。

第一百零三条　县级以上的地方各级人民代表大会常务委

员会由主任、副主任若干人和委员若干人组成，对本级人民代表大会负责并报告工作。

县级以上的地方各级人民代表大会选举并有权罢免本级人民代表大会常务委员会的组成人员。

县级以上的地方各级人民代表大会常务委员会的组成人员不得担任国家行政机关、审判机关和检察机关的职务。

第一百零四条 县级以上的地方各级人民代表大会常务委员会讨论、决定本行政区域内各方面工作的重大事项；监督本级人民政府、人民法院和人民检察院的工作；撤销本级人民政府的不适当的决定和命令；撤销下一级人民代表大会的不适当的决议；依照法律规定的权限决定国家机关工作人员的任免；在本级人民代表大会闭会期间，罢免和补选上一级人民代表大会的个别代表。

第一百零五条 地方各级人民政府是地方各级国家权力机关的执行机关，是地方各级国家行政机关。

地方各级人民政府实行省长、市长、县长、区长、乡长、镇长负责制。

第一百零六条 地方各级人民政府每届任期同本级人民代表大会每届任期相同。

第一百零七条 县级以上地方各级人民政府依照法律规定的权限，管理本行政区域内的经济、教育、科学、文化、卫生、体育事业、城乡建设事业和财政、民政、公安、民族事务、司法行政、监察、计划生育等行政工作，发布决定和命令，任免、培训、考核和奖惩行政工作人员。

乡、民族乡、镇的人民政府执行本级人民代表大会的决议和上级国家行政机关的决定和命令，管理本行政区域内的行政工作。

省、直辖市的人民政府决定乡、民族乡、镇的建置和区域划分。

第一百零八条 县级以上的地方各级人民政府领导所属各工作部门和下级人民政府的工作，有权改变或者撤销所属各工作部门和下级人民政府的不适当的决定。

第一百零九条 县级以上的地方各级人民政府设立审计机关。地方各级审计机关依照法律规定独立行使审计监督权，对本级人民政府和上一级审计机关负责。

第一百一十条 地方各级人民政府对本级人民代表大会负责并报告工作。县级以上的地方各级人民政府在本级人民代表大会闭会期间，对本级人民代表大会常务委员会负责并报告工作。

地方各级人民政府对上一级国家行政机关负责并报告工作。全国地方各级人民政府都是国务院统一领导下的国家行政机关，都服从国务院。

第一百一十一条 城市和农村按居民居住地区设立的居民委员会或者村民委员会是基层群众性自治组织。居民委员会、村民委员会的主任、副主任和委员由居民选举。居民委员会、村民委员会同基层政权的相互关系由法律规定。

居民委员会、村民委员会设人民调解、治安保卫、公共卫生等委员会，办理本居住地区的公共事务和公益事业，调解民间纠纷，协助维护社会治安，并且向人民政府反映群众的意见、要求和提出建议。

第六节　民族自治地方的自治机关

第一百一十二条　民族自治地方的自治机关是自治区、自治州、自治县的人民代表大会和人民政府。

第一百一十三条　自治区、自治州、自治县的人民代表大会中，除实行区域自治的民族的代表外，其他居住在本行政区域内的民族也应当有适当名额的代表。

自治区、自治州、自治县的人民代表大会常务委员会中应当有实行区域自治的民族的公民担任主任或者副主任。

第一百一十四条　自治区主席、自治州州长、自治县县长由实行区域自治的民族的公民担任。

第一百一十五条　自治区、自治州、自治县的自治机关行使宪法第三章第五节规定的地方国家机关的职权，同时依照宪法、民族区域自治法和其他法律规定的权限行使自治权，根据本地方实际情况贯彻执行国家的法律、政策。

第一百一十六条　民族自治地方的人民代表大会有权依照当地民族的政治、经济和文化的特点，制定自治条例和单行条例。自治区的自治条例和单行条例，报全国人民代表大会常务委员会批准后生效。自治州、自治县的自治条例和单行条例，报省或者自治区的人民代表大会常务委员会批准后生效，并报全国人民代表大会常务委员会备案。

第一百一十七条　民族自治地方的自治机关有管理地方财政的自治权。凡是依照国家财政体制属于民族自治地方的财政收入，都应当由民族自治地方的自治机关自主地安排使用。

第一百一十八条　民族自治地方的自治机关在国家计划的指导下，自主地安排和管理地方性的经济建设事业。

国家在民族自治地方开发资源、建设企业的时候，应当照顾民族自治地方的利益。

第一百一十九条　民族自治地方的自治机关自主地管理本地方的教育、科学、文化、卫生、体育事业，保护和整理民族的文化遗产，发展和繁荣民族文化。

第一百二十条　民族自治地方的自治机关依照国家的军事制度和当地的实际需要，经国务院批准，可以组织本地方维护社会治安的公安部队。

第一百二十一条　民族自治地方的自治机关在执行职务的时候，依照本民族自治地方自治条例的规定，使用当地通用的一种或者几种语言文字。

第一百二十二条　国家从财政、物资、技术等方面帮助各少数民族加速发展经济建设和文化建设事业。

国家帮助民族自治地方从当地民族中大量培养各级干部、各种专业人才和技术工人。

第七节　人民法院和人民检察院

第一百二十三条　中华人民共和国人民法院是国家的审判机关。

第一百二十四条　中华人民共和国设立最高人民法院、地方各级人民法院和军事法院等专门人民法院。

最高人民法院院长每届任期同全国人民代表大会每届任期相同，连续任职不得超过两届。

人民法院的组织由法律规定。

第一百二十五条　人民法院审理案件，除法律规定的特别情况外，一律公开进行。被告人有权获得辩护。

第一百二十六条 人民法院依照法律规定独立行使审判权，不受行政机关、社会团体和个人的干涉。

第一百二十七条 最高人民法院是最高审判机关。

最高人民法院监督地方各级人民法院和专门人民法院的审判工作，上级人民法院监督下级人民法院的审判工作。

第一百二十八条 最高人民法院对全国人民代表大会和全国人民代表大会常务委员会负责。地方各级人民法院对产生它的国家权力机关负责。

第一百二十九条 中华人民共和国人民检察院是国家的法律监督机关。

第一百三十条 中华人民共和国设立最高人民检察院、地方各级人民检察院和军事检察院等专门人民检察院。

最高人民检察院检察长每届任期同全国人民代表大会每届任期相同，连续任职不得超过两届。

人民检察院的组织由法律规定。

第一百三十一条 人民检察院依照法律规定独立行使检察权，不受行政机关、社会团体和个人的干涉。

第一百三十二条 最高人民检察院是最高检察机关。

最高人民检察院领导地方各级人民检察院和专门人民检察院的工作，上级人民检察院领导下级人民检察院的工作。

第一百三十三条 最高人民检察院对全国人民代表大会和全国人民代表大会常务委员会负责。地方各级人民检察院对产生它的国家权力机关和上级人民检察院负责。

第一百三十四条 各民族公民都有用本民族语言文字进行诉讼的权利。人民法院和人民检察院对于不通晓当地通用的语言文字的诉讼参与人，应当为他们翻译。

在少数民族聚居或者多民族共同居住的地区，应当用当地通用的语言进行审理；起诉书、判决书、布告和其他文书应当根据实际需要使用当地通用的一种或者几种文字。

第一百三十五条　人民法院、人民检察院和公安机关办理刑事案件，应当分工负责，互相配合，互相制约，以保证准确有效地执行法律。

第四章　国旗、国歌、国徽、首都

第一百三十六条　中华人民共和国国旗是五星红旗。

中华人民共和国国歌是《义勇军进行曲》。

第一百三十七条　中华人民共和国国徽，中间是五星照耀下的天安门，周围是谷穗和齿轮。

第一百三十八条　中华人民共和国首都是北京

中华人民共和国体育法

（1995年8月29日第八届全国人民代表大会常务委员会第十五次会议通过，根据2009年8月27日第十一届全国人民代表大会常务委员会第十次会议《关于修改部分法律的决定》修正）

目　录

第一章　总　则

第一条　为了发展体育事业，增强人民体质，提高体育运动水平，促进社会主义物质文明和精神文明建设，根据宪法，制定本法。

第二条 国家发展体育事业，开展群众性的体育活动，提高全民族身体素质。体育工作坚持以开展全民健身活动为基础，实行普及与提高相结合，促进各类体育协调发展。

第三条 国家坚持体育为经济建设、国防建设和社会发展服务。体育事业应当纳入国民经济和社会发展计划。

国家推进体育管理体制改革。国家鼓励企业事业组织、社会团体和公民兴办和支持体育事业。

第四条 国务院体育行政部门主管全国体育工作。国务院其他有关部门在各自的职权范围内管理体育工作。

县级以上地方各级人民政府体育行政部门或者本级人民政府授权的机构主管本行政区域内的体育工作。

第五条 国家对青年、少年、儿童的体育活动给予特别保障，增进青年、少年、儿童的身心健康。

第六条 国家扶持少数民族地区发展体育事业，培养少数民族体育人才。

第七条 国家发展体育教育和体育科学研究，推广先进、实用的体育科学技术成果，依靠科学技术发展体育事业。

第八条 国家对在体育事业中作出贡献的组织和个人，给予奖励。

第九条 国家鼓励开展对外体育交往。对外体育交往坚持独立自主、平等互利、相互尊重的原则，维护国家主权和尊严，遵守中华人民共和国缔结或者参加的国际条约。

第二章　社会体育

第十条　国家提倡公民参加社会体育活动，增进身心健康。

社会体育活动应当坚持业余、自愿、小型多样，遵循因地制宜和科学文明的原则。

第十一条　国家推行全民健身计划，实施体育锻炼标准，进行体质监测。

国家实行社会体育指导员技术等级制度。社会体育指导员对社会体育活动进行指导。

第十二条　地方各级人民政府应当为公民参加社会体育活动创造必要的条件，支持、扶助群众性体育活动的开展。

城市应当发挥居民委员会等社区基层组织的作用，组织居民开展体育活动。

农村应当发挥村民委员会、基层文化体育组织的作用，开展适合农村特点的体育活动。

第十三条　国家机关、企业事业组织应当开展多种形式的体育活动，举办群众性体育竞赛。

第十四条　工会等社会团体应当根据各自特点，组织体育活动。

第十五条　国家鼓励、支持民族、民间传统体育项目的发掘、整理和提高。

第十六条　全社会应当关心、支持老年人、残疾人参加体育活动。各级人民政府应当采取措施，为老年人、残疾人参加体育活动提供方便。

第三章　学校体育

第十七条　教育行政部门和学校应当将体育作为学校教育的组成部分，培养德、智、体等全面发展的人才。

第十八条　学校必须开设体育课，并将体育课列为考核学生学业成绩的科目。

学校应当创造条件为病残学生组织适合其特点的体育活动。

第十九条　学校必须实施国家体育锻炼标准，对学生在校期间每天用于体育活动的时间给予保证。

第二十条　学校应当组织多种形式的课外体育活动，开展课外训练和体育竞赛，并根据条件每学年举行一次全校性的体育运动会。

第二十一条　学校应当按照国家有关规定，配备合格的体育教师，保障体育教师享受与其工作特点有关的待遇。

第二十二条　学校应当按照国务院教育行政部门规定的标准配置体育场地、设施和器材。

学校体育场地必须用于体育活动，不得挪作他用。

第二十三条　学校应当建立学生体格健康检查制度。教育、体育和卫生行政部门应当加强对学生体质的监测。

第四章　竞技体育

第二十四条　国家促进竞技体育发展，鼓励运动员提高体育运动技术水平，在体育竞赛中创造优异成绩，为国家争取荣誉。

第二十五条 国家鼓励、支持开展业余体育训练，培养优秀的体育后备人才。

第二十六条 参加国内、国际重大体育竞赛的运动员和运动队，应当按照公平、择优的原则选拔和组建。具体办法由国务院体育行政部门规定。

第二十七条 培养运动员必须实行严格、科学、文明的训练和管理；对运动员进行爱国主义、集体主义和社会主义教育，以及道德和纪律教育。

第二十八条 国家对优秀运动员在就业或者升学方面给予优待。

第二十九条 全国性的单项体育协会对本项目的运动员实行注册管理。经注册的运动员，可以根据国务院体育行政部门的规定，参加有关的体育竞赛和运动队之间的人员流动。

第三十条 国家实行运动员技术等级、裁判员技术等级和教练员专业技术职务等级制度。

第三十一条 国家对体育竞赛实行分级分类管理。

全国综合性运动会由国务院体育行政部门管理或者由国务院体育行政部门会同有关组织管理。

全国单项体育竞赛由该项运动的全国性协会负责管理。

地方综合性运动会和地方单项体育竞赛的管理办法由地方人民政府制定。

第三十二条 国家实行体育竞赛全国纪录审批制度，全国纪录由国务院体育行政部门确认。

第三十三条 在竞技体育活动中发生纠纷，由体育仲裁机构负责调解、仲裁。

体育仲裁机构的设立办法和仲裁范围由国务院另行规定。

第三十四条 体育竞赛实行公平竞争的原则。体育竞赛的组织者和运动员、教练员、裁判员应当遵守体育道德，不得弄虚作假、营私舞弊。

在体育运动中严禁使用禁用的药物和方法。禁用药物检测机构应当对禁用的药物和方法进行严格检查。

严禁任何组织和个人利用体育竞赛从事赌博活动。

第三十五条 在中国境内举办的重大体育竞赛，其名称、徽记、旗帜及吉祥物等标志按照国家有关规定予以保护。

第五章 体育社会团体

第三十六条 国家鼓励、支持体育社会团体按照其章程，组织和开展体育活动，推动体育事业的发展。

第三十七条 各级体育总会是联系、团结运动员和体育工作者的群众性体育组织，应当在发展体育事业中发挥作用。

第三十八条 中国奥林匹克委员会是以发展和推动奥林匹克运动为主要任务的体育组织，代表中国参与国际奥林匹克事务。

第三十九条 体育科学社会团体是体育科学技术工作者的学术性群众组织，应当在发展体育科技事业中发挥作用。

第四十条 全国性的单项体育协会管理该项运动的普及与提高工作，代表中国参加相应的国际单项体育组织。

第六章　保障条件

第四十一条　县级以上各级人民政府应当将体育事业经费体育基本建设资金列入本级财政预算和基本建设投资计划，并随着国民经济的发展逐步增加对体育事业的投入。

第四十二条　国家鼓励企业事业组织和社会团体自筹资金发展体育事业，鼓励组织和个人对体育事业的捐赠和赞助。

第四十三条　国家有关部门应当加强对体育资金的管理，任何组织和个人不得挪用、克扣体育资金。

第四十四条　县级以上各级人民政府体育行政部门对以健身、竞技等体育活动为内容的经营活动，应当按照国家有关规定加强管理和监督。

第四十五条　县级以上地方各级人民政府应当按照国家对城市公共体育设施用地定额指标的规定，将城市公共体育设施建设纳入城市建设规划和土地利用总体规划，合理布局，统一安排。

城市在规划企业、学校、街道和居住区时，应当将体育设施纳入建设规划。

乡、民族乡、镇应当随着经济发展，逐步建设和完善体育设施。

第四十六条　公共体育设施应当向社会开放，方便群众开展体育活动，对学生、老年人、残疾人实行优惠办法，提高体育设施的利用率。

任何组织和个人不得侵占、破坏公共体育设施。因特殊情况需要临时占用体育设施的，必须经体育行政部门和建设规划部门批准，并及时归还；按照城市规划改变体育场地用途的，应当按照国家有关规定，先行择地新建偿还。

（根据中华人民共和国主席令第十八号，删除第四十七条）

第四十八条 国家发展体育专业教育，建立各类体育专业院校、系、科，培养运动、训练、教学、科学研究、管理以及从事群众体育等方面的专业人员。

国家鼓励企业事业组织、社会团体和公民依法举办体育专业教育。

第七章 法律责任

第四十九条 在竞技体育中从事弄虚作假等违反纪律和体育规则的行为，由体育社会团体按照章程规定给予处罚；对国家工作人员中的直接责任人员，依法给予行政处分。

第五十条 在体育运动中使用禁用的药物和方法的，由体育社会团体按照章程规定给予处罚；对国家工作人员中的直接责任人员，依法给予行政处分。

第五十一条 利用竞技体育从事赌博活动的，由体育行政部门协助公安机关责令停止违法活动，并由公安机关依照治安管理处罚法的有关规定给予处罚。

在竞技体育活动中，有贿赂、诈骗、组织赌博行为，构成犯罪的，依法追究刑事责任。

第五十二条 侵占、破坏公共体育设施的，由体育行政部门责令限期改正，并依法承担民事责任。

有前款所列行为，违反治安管理的，由公安机关依照治安管理处罚法的有关规定给予处罚；构成犯罪的，依法追究刑事责任。

第五十三条 在体育活动中，寻衅滋事、扰乱公共秩序的，给予批评、教育并予以制止；违反治安管理的，由公安机关依照治安管理处罚法的规定给予处罚；构成犯罪的，依法追究刑事责任。

第五十四条 违反国家财政制度、财务制度，挪用、克扣体育资金的，由上级机关责令限期归还被挪用、克扣的资金，并对直接负责的主管人员和其他直接责任人员，依法给予行政处分；构成犯罪的，依法追究刑事责任。

第八章 附 则

第五十五条 军队开展体育活动的具体办法由中央军事委员会依照本法制定。

第五十六条 本法自1995年10月1日起施行。

第五十七条 用于全国性、国际性体育竞赛的体育器材和用品，必须经国务院体育行政部门指定的机构审定。

（根据2009年8月27日第十一届全国人民代表大会常务委员会第十次会议《关于修改部分法律的决定》，本条已被删去）

全民健身条例

中华人民共和国国务院令　第560号

《全民健身条例》已经2009年8月19日国务院第77次常务会议通过，现予公布，自2009年10月1日起施行。

总　理　温家宝

二〇〇九年八月三十日

第一章　总　则

第一条　为了促进全民健身活动的开展，保障公民在全民健身活动中的合法权益，提高公民身体素质，制定本条例。

第二条　县级以上地方人民政府应当将全民健身事业纳入本级国民经济和社会发展规划，有计划地建设公共体育设施，加大对农村地区和城市社区等基层公共体育设施建设的投入，促进全民健身事业均衡协调发展。

国家支持、鼓励、推动与人民群众生活水平相适应的体育消费以及体育产业的发展。

第三条　国家推动基层文化体育组织建设，鼓励体育类社会团体、体育类民办非企业单位等群众性体育组织开展全民健身活动。

第四条 公民有依法参加全民健身活动的权利。

地方各级人民政府应当依法保障公民参加全民健身活动的权利。

第五条 国务院体育主管部门负责全国的全民健身工作，国务院其他有关部门在各自职责范围内负责有关的全民健身工作。

县级以上地方人民政府主管体育工作的部门（以下简称体育主管部门）负责本行政区域内的全民健身工作，县级以上地方人民政府其他有关部门在各自职责范围内负责有关的全民健身工作。

第六条 国家鼓励对全民健身事业提供捐赠和赞助。

自然人、法人或者其他组织对全民健身事业提供捐赠的，依法享受税收优惠。

第七条 对在发展全民健身事业中作出突出贡献的组织和个人，按照国家有关规定给予表彰、奖励。

第二章 全民健身计划

第八条 国务院制订全民健身计划，明确全民健身工作的目标、任务、措施、保障等内容。

县级以上地方人民政府根据本地区的实际情况制订本行政区域的全民健身实施计划。

制订全民健身计划和全民健身实施计划，应当充分考虑学生、老年人、残疾人和农村居民的特殊需求。

第九条 国家定期开展公民体质监测和全民健身活动状况

调查。

公民体质监测由国务院体育主管部门会同有关部门组织实施；其中，对学生的体质监测由国务院教育主管部门组织实施。

全民健身活动状况调查由国务院体育主管部门组织实施。

第十条 国务院根据公民体质监测结果和全民健身活动状况调查结果，修订全民健身计划。

县级以上地方人民政府根据公民体质监测结果和全民健身活动状况调查结果，修订全民健身实施计划。

第十一条 全民健身计划由县级以上人民政府体育主管部门会同有关部门组织实施。县级以上地方人民政府应当加强组织和协调，对本行政区域全民健身计划实施情况负责。

县级以上人民政府体育主管部门应当在本级人民政府任期届满时会同有关部门对全民健身计划实施情况进行评估，并将评估结果向本级人民政府报告。

第三章 全民健身活动

第十二条 每年8月8日为全民健身日。县级以上人民政府及其有关部门应当在全民健身日加强全民健身宣传。

国家机关、企业事业单位和其他组织应当在全民健身日结合自身条件组织本单位人员开展全民健身活动。

县级以上人民政府体育主管部门应当在全民健身日组织开展免费健身指导服务。

公共体育设施应当在全民健身日向公众免费开放，国家鼓励其他各类体育设施在全民健身日向公众免费开放。

第十三条 国务院体育主管部门应当定期举办全国性群众

体育比赛活动；国务院其他有关部门、全国性社会团体等，可以根据需要举办相应的全国性群众体育比赛活动。

地方人民政府应当定期举办本行政区域的群众体育比赛活动。

第十四条 县级人民政府体育主管部门应当在传统节日和农闲季节组织开展与农村生产劳动和文化生活相适应的全民健身活动。

第十五条 国家机关、企业事业单位和其他组织应当组织本单位人员开展工间（前）操和业余健身活动；有条件的，可以举办运动会，开展体育锻炼测验、体质测定等活动。

第十六条 工会、共青团、妇联、残联等社会团体应当结合自身特点，组织成员开展全民健身活动。

单项体育协会应当将普及推广体育项目和组织开展全民健身活动列入工作计划，并对全民健身活动给予指导和支持。

第十七条 基层文化体育组织、居民委员会和村民委员会应当组织居民开展全民健身活动，协助政府做好相关工作。

第十八条 鼓励全民健身活动站点、体育俱乐部等群众性体育组织开展全民健身活动，宣传科学健身知识；县级以上人民政府体育主管部门和其他有关部门应当给予支持。

第十九条 对于依法举办的群众体育比赛等全民健身活动，任何组织或者个人不得非法设置审批和收取审批费用。

第二十条 广播电台、电视台、报刊和互联网站等应当加强对全民健身活动的宣传报道，普及科学健身知识，增强公民健身意识。

第二十一条 学校应当按照《中华人民共和国体育法》和《学校体育工作条例》的规定，根据学生的年龄、性别和体质状况，组织实施体育课教学，开展广播体操、眼保健操等体育活动，指导学生的体育锻炼，提高学生的身体素质。

学校应当保证学生在校期间每天参加1小时的体育活动。

第二十二条 学校每学年至少举办一次全校性的运动会；有条件的，还可以有计划地组织学生参加远足、野营、体育夏（冬）令营等活动。

第二十三条 基层文化体育组织、学校、家庭应当加强合作，支持和引导学生参加校外体育活动。

青少年活动中心、少年宫、妇女儿童中心等应当为学生开展体育活动提供便利。

第二十四条 组织大型全民健身活动，应当按照国家有关大型群众性活动安全管理的规定，做好安全工作。

第二十五条 任何组织或者个人不得利用健身活动从事宣扬封建迷信、违背社会公德、扰乱公共秩序、损害公民身心健康的行为。

第四章 全民健身保障

第二十六条 县级以上人民政府应当将全民健身工作所需经费列入本级财政预算，并随着国民经济的发展逐步增加对全民健身的投入。

按照国家有关彩票公益金的分配政策由体育主管部门分配使用的彩票公益金，应当根据国家有关规定用于全民健身事业。

第二十七条 公共体育设施的规划、建设、使用、管理、保护和公共体育设施管理单位提供服务，应当遵守《公共文化体育设施条例》的规定。

公共体育设施的规划、建设应当与当地经济发展水平相适应，方便群众就近参加健身活动；农村地区公共体育设施的规划、建设还应当考虑农村生产劳动和文化生活习惯。

第二十八条 学校应当在课余时间和节假日向学生开放体育设施。公办学校应当积极创造条件向公众开放体育设施；国家鼓励民办学校向公众开放体育设施。

县级人民政府对向公众开放体育设施的学校给予支持，为向公众开放体育设施的学校办理有关责任保险。

学校可以根据维持设施运营的需要向使用体育设施的公众收取必要的费用。

第二十九条 公园、绿地等公共场所的管理单位，应当根据自身条件安排全民健身活动场地。县级以上地方人民政府体育主管部门根据实际情况免费提供健身器材。

居民住宅区的设计应当安排健身活动场地。

第三十条 公园、绿地、广场等公共场所和居民住宅区的管理单位，应当对该公共场所和居民住宅区配置的全民健身器材明确管理和维护责任人。

第三十一条 国家加强社会体育指导人员队伍建设，对全民健身活动进行科学指导。

国家对不以收取报酬为目的向公众提供传授健身技能、组织健身活动、宣传科学健身知识等服务的社会体育指导人员实行技术等级制度。县级以上地方人民政府体育主管部门应当免费为其提供相关知识和技能培训，并建立档案。

国家对以健身指导为职业的社会体育指导人员实行职业资格证书制度。以对高危险性体育项目进行健身指导为职业的社会体育指导人员，应当依照国家有关规定取得职业资格证书。

第三十二条 经营高危险性体育项目的，应当符合下列条件，并向县级以上人民政府体育主管部门提出申请：

（一）相关体育设施符合国家标准；

（二）具有达到规定数量的取得国家职业资格证书的社会体育指导人员和救助人员；

（三）具有相应的安全保障制度和措施。

县级以上人民政府体育主管部门应当自收到申请之日起30日内进行实地核查，作出批准或者不予批准的决定。批准的，应当发给许可证；不予批准的，应当书面通知申请人并说明理由。

申请经营高危险性体育项目的，应当持县级以上人民政府体育主管部门的批准文件，到工商行政管理部门依法办理相关登记手续。

国务院体育主管部门应当会同有关部门制定、调整高危险性体育项目目录，经国务院批准后予以公布。

第三十三条 国家鼓励全民健身活动组织者和健身场所管理者依法投保有关责任保险。

国家鼓励参加全民健身活动的公民依法投保意外伤害保险。

第三十四条 县级以上地方人民政府体育主管部门对高危险性体育项目经营活动，应当依法履行监督检查职责。

第五章 法律责任

第三十五条 学校违反本条例规定的，由县级以上人民政府教育主管部门按照管理权限责令改正；拒不改正的，对负有责任的主管人员和其他直接责任人员依法给予处分。

第三十六条 未经批准，擅自经营高危险性体育项目的，由县级以上地方人民政府体育主管部门按照管理权限责令改正；有违法所得的，没收违法所得；违法所得不足3万元或者没有违法所得的，并处3万元以上10万元以下的罚款；违法所得3万元以上的，并处违法所得2倍以上5倍以下的罚款。

第三十七条 高危险性体育项目经营者取得许可证后，不再符合本条例规定条件仍经营该体育项目的，由县级以上地方人民政府体育主管部门按照管理权限责令改正；有违法所得的，没收违法所得；违法所得不足3万元或者没有违法所得的，并处3万元以上10万元以下的罚款；违法所得3万元以上的，并处违法所得2倍以上5倍以下的罚款；拒不改正的，由原发证机关吊销许可证。

第三十八条 利用健身活动从事宣扬封建迷信、违背社会公德、扰乱公共秩序、损害公民身心健康的行为的，由公安机关依照《中华人民共和国治安管理处罚法》的规定给予处罚；构成犯罪的，依法追究刑事责任。

第三十九条 县级以上人民政府及其有关部门的工作人员在全民健身工作中玩忽职守、滥用职权、徇私舞弊的，依法给予处分；构成犯罪的，依法追究刑事责任。

第六章 附 则

第四十条 本条例自2009年10月1日起施行。

《中华人民共和国侵权责任法》条款摘录

第二条 侵害民事权益，应当依照本法承担侵权责任。

本法所称民事权益，包括生命权、健康权、姓名权、名誉权、荣誉权、肖像权、隐私权、婚姻自主权、监护权、所有权、用益物权、担保物权、著作权、专利权、商标专用权、发现权、股权、继承权等人身、财产权益。

《中华人民共和国治安管理处罚法》相关法律条款摘录

第四十二条 有下列行为之一的，处五日以下拘留或者五百元以下罚款；情节较重的，处五日以上十日以下拘留，可以并处五百元以下罚款：

（一）写恐吓信或者以其他方法威胁他人人身安全的；

…………

（六）偷窥、偷拍、窃听、散布他人隐私的。

《最高人民法院关于贯彻执行〈民法通则〉若干问题的意见（试行）》条款摘录

第一百五十条　公民的姓名权、肖像权、名誉权、荣誉权和法人的名称权、名誉权、荣誉权受到侵害，公民或者法人要求赔偿损失的，人民法院可以根据侵权人的过错程度、侵权行为的具体情节、后果和影响确定其赔偿责任。

第一百五十一条　侵害他人的姓名权、名称权、名像权、名誉权、荣誉权而获利的，侵权人除依法赔偿受害人的损失外，其非法所得应当予以收缴。

《最高人民法院关于确定民事侵权精神损害赔偿责任若干问题的解释》条款摘录

第一条 自然人因下列人格权利遭受非法侵害，向人民法院起诉请求赔偿精神损害的，人民法院应当依法予以受理：

（一）生命权、健康权、身体权；

（二）姓名权、肖像权、名誉权、荣誉权；

（三）人格尊严权、人身自由权。

违反社会公共利益、社会公德侵害他人隐私或者其他人格利益，受害人以侵权为由向人民法院起诉请求赔偿精神损害的，人民法院应当依法予以受理。

中华人民共和国民法通则

（1986年4月12日第六届全国人民代表大会第四次会议通过，1986年4月12日中华人民共和国主席令第三十七号公布，自1987年1月1日起施行）

第一章　基本原则

第一条　为了保障公民、法人的合法的民事权益，正确调整民事关系，适应社会主义现代化建设事业发展的需要，根据宪法和我国实际情况，总结民事活动的实践经验，制定本法。

第二条　中华人民共和国民法调整平等主体的公民之间、法人之间、公民和法人之间的财产关系和人身关系。

第三条　当事人在民事活动中的地位平等。

第四条　民事活动应当遵循自愿、公平、等价有偿、诚实信用的原则。

第五条　公民、法人的合法的民事权益受法律保护，任何组织和个人不得侵犯。

第六条　民事活动必须遵守法律，法律没有规定的，应当遵守国家政策。

第七条　民事活动应当尊重社会公德，不得损害社会公共利益，破坏国家经济计划，扰乱社会经济秩序。

第八条 在中华人民共和国领域内的民事活动，适用中华人民共和国法律，法律另有规定的除外。

本法关于公民的规定，适用于在中华人民共和国领域内的外国人、无国籍人，法律另有规定的除外。

第二章 公民（自然人）

第一节 民事权利能力和民事行为能力

第九条 公民从出生时起到死亡时止，具有民事权利能力，依法享有民事权利，承担民事义务。

第十条 公民的民事权利能力一律平等。

第十一条 十八周岁以上的公民是成年人，具有完全民事行为能力，可以独立进行民事活动，是完全民事行为能力人。

十六周岁以上不满十八周岁的公民，以自己的劳动收入为主要生活来源的，视为完全民事行为能力人。

第十二条 十周岁以上的未成年人是限制民事行为能力人，可以进行与他的年龄、智力相适应的民事活动；其他民事活动由他的法定代理人代理，或者征得他的法定代理人的同意。

不满十周岁的未成年人是无民事行为能力人，由他的法定代理人代理民事活动。

第十三条 不能辨认自己行为的精神病人是无民事行为能力人，由他的法定代理人代理民事活动。

不能完全辨认自己行为的精神病人是限制民事行为能力人，可以进行与他的精神健康状况相适应的民事活动；其他民事活动由他的法定代理人代理，或者征得他的法定代理人的同意。

第十四条 无民事行为能力人、限制民事行为能力人的监护人是他的法定代理人。

第十五条 公民以他的户籍所在地的居住地为住所，经常居住地与住所不一致的，经常居住地视为住所。

第二节 监 护

第十六条 未成年人的父母是未成年人的监护人。

未成年人的父母已经死亡或者没有监护能力的，由下列人员中有监护能力的人担任监护人：

（一）祖父母、外祖父母；

（二）兄、姐；

（三）关系密切的其他亲属、朋友愿意承担监护责任，经未成年人的父、母的所在单位或者未成年人住所地的居民委员会、村民委员会同意的。

对担任监护人有争议的，由未成年人的父、母的所在单位或者未成年人住所地的居民委员会、村民委员会在近亲属中指定。对指定不服提起诉讼的，由人民法院裁决。

没有第一款、第二款规定的监护人的，由未成年人的父、母的所在单位或者未成年人住所地的居民委员会、村民委员会或者民政部门担任监护人。

第十七条 无民事行为能力或者限制民事行为能力的精神病人，由下列人员担任监护人：

（一）配偶；

（二）父母；

（三）成年子女；

（四）其他近亲属；

（五）关系密切的其他亲属、朋友愿意承担监护责任，经精神病人的所在单位或者住所地的居民委员会、村民委员会同意的。

对担任监护人有争议的，由精神病人的所在单位或者住所地的居民委员会、村民委员会在近亲属中指定。对指定不服提起诉讼的，由人民法院裁决。

没有第一款规定的监护人的，由精神病人的所在单位或者住所地的居民委员会、村民委员会或者民政部门担任监护人。

第十八条　监护人应当履行监护职责，保护被监护人的人身、财产及其他合法权益，除为被监护人的利益外，不得处理被监护人的财产。

监护人依法履行监护的权利，受法律保护。

监护人不履行监护职责或者侵害被监护人的合法权益的，应当承担责任；给被监护人造成财产损失的，应当赔偿损失。人民法院可以根据有关人员或者有关单位的申请，撤销监护人的资格。

第十九条　精神病人的利害关系人，可以向人民法院申请宣告精神病人为无民事行为能力人或者限制民事行为能力人。

被人民法院宣告为无民事行为能力人或者限制民事行为能力人的，根据他健康恢复的状况，经本人或者利害关系人申请，人民法院可以宣告他为限制民事行为能力人或者完全民事行为能力人。

第三节　宣告失踪和宣告死亡

第二十条　公民下落不明满二年的，利害关系人可以向人民法院申请宣告他为失踪人。

战争期间下落不明的，下落不明的时间从战争结束之日起计算。

第二十一条　失踪人的财产由他的配偶、父母、成年子女或者关系密切的其他亲属、朋友代管。代管有争议的，没有以上规定的人或者以上规定的人无能力代管的，由人民法院指定的人代管。

失踪人所欠税款、债务和应付的其他费用，由代管人从失踪人的财产中支付。

第二十二条　被宣告失踪的人重新出现或者确知他的下落，经本人或者利害关系人申请，人民法院应当撤销对他的失踪宣告。

第二十三条　公民有下列情形之一的，利害关系人可以向人民法院申请宣告他死亡：

（一）下落不明满四年的；

（二）因意外事故下落不明，从事故发生之日起满二年的。

战争期间下落不明的，下落不明的时间从战争结束之日起计算。

第二十四条　被宣告死亡的人重新出现或者确知他没有死亡，经本人或者利害关系人申请，人民法院应当撤销对他的死亡宣告。

有民事行为能力人在被宣告死亡期间实施的民事法律行为

有效。

第二十五条 被撤销死亡宣告的人有权请求返还财产。依照继承法取得他的财产的公民或者组织，应当返还原物；原物不存在的，给予适当补偿。

第四节 个体工商户、农村承包经营户

第二十六条 公民在法律允许的范围内，依法经核准登记，从事工商业经营的，为个体工商户。个体工商户可以起字号。

第二十七条 农村集体经济组织的成员，在法律允许的范围内，按照承包合同规定从事商品经营的，为农村承包经营户。

第二十八条 个体工商户、农村承包经营户的合法权益，受法律保护。

第二十九条 个体工商户、农村承包经营户的债务，个人经营的，以个人财产承担；家庭经营的，以家庭财产承担。

第五节 个人合伙

第三十条 个人合伙是指两个以上公民按照协议，各自提供资金、实物、技术等，合伙经营、共同劳动。

第三十一条 合伙人应当对出资数额、盈余分配、债务承担、入伙、退伙、合伙终止等事项，订立书面协议。

第三十二条 合伙人投入的财产，由合伙人统一管理和使用。

合伙经营积累的财产，归合伙人共有。

第三十三条 个人合伙可以起字号，依法经核准登记，在

核准登记的经营范围内从事经营。

第三十四条 个人合伙的经营活动，由合伙人共同决定，合伙人有执行和监督的权利。

合伙人可以推举负责人。合伙负责人和其他人员的经营活动，由全体合伙人承担民事责任。

第三十五条 合伙的债务，由合伙人按照出资比例或者协议的约定，以各自的财产承担清偿责任。

合伙人对合伙的债务承担连带责任，法律另有规定的除外。偿还合伙债务超过自己应当承担数额的合伙人，有权向其他合伙人追偿。

第三章 法 人

第一节 一般规定

第三十六条 法人是具有民事权利能力和民事行为能力，依法独立享有民事权利和承担民事义务的组织。

法人的民事权利能力和民事行为能力，从法人成立时产生，到法人终止时消灭。

第三十七条 法人应当具备下列条件：

（一）依法成立；

（二）有必要的财产或者经费；

（三）有自己的名称、组织机构和场所；

（四）能够独立承担民事责任。

第三十八条 依照法律或者法人组织章程规定，代表法人行使职权的负责人，是法人的法定代表人。

第三十九条 法人以它的主要办事机构所在地为住所。

第四十条 法人终止，应当依法进行清算，停止清算范围外的活动。

第二节 企业法人

第四十一条 全民所有制企业、集体所有制企业有符合国家规定的资金数额，有组织章程、组织机构和场所，能够独立承担民事责任，经主管机关核准登记，取得法人资格。

在中华人民共和国领域内设立的中外合资经营企业、中外合作经营企业和外资企业，具备法人条件的，依法经工商行政管理机关核准登记，取得中国法人资格。

第四十二条 企业法人应当在核准登记的经营范围内从事经营。

第四十三条 企业法人对它的法定代表人和其他工作人员的经营活动，承担民事责任。

第四十四条 企业法人分立、合并或者有其他重要事项变更，应当向登记机关办理登记并公告。

企业法人分立、合并，它的权利和义务由变更后的法人享有和承担。

第四十五条 企业法人由于下列原因之一终止：

（一）依法被撤销；

（二）解散；

（三）依法宣告破产；

（四）其他原因。

第四十六条 企业法人终止，应当向登记机关办理注销登记并公告。

第四十七条 企业法人解散，应当成立清算组织，进行清算。企业法人被撤销、被宣告破产的，应当由主管机关或者人民法院组织有关机关和有关人员成立清算组织，进行清算。

第四十八条 全民所有制企业法人以国家授予它经营管理的财产承担民事责任。集体所有制企业法人以企业所有的财产承担民事责任。中外合资经营企业法人、中外合作经营企业法人和外资企业法人以企业所有的财产承担民事责任，法律另有规定的除外。

第四十九条 企业法人有下列情形之一的，除法人承担责任外，对法定代表人可以给予行政处分、罚款，构成犯罪的，依法追究刑事责任：

（一）超出登记机关核准登记的经营范围从事非法经营的；

（二）向登记机关、税务机关隐瞒真实情况、弄虚作假的；

（三）抽逃资金、隐匿财产逃避债务的；

（四）解散、被撤销、被宣告破产后，擅自处理财产的；

（五）变更、终止时不及时申请办理登记和公告，使利害关系人遭受重大损失的；

（六）从事法律禁止的其他活动，损害国家利益或者社会公共利益的。

第三节 机关、事业单位和社会团体法人

第五十条 有独立经费的机关从成立之日起，具有法人资格。

具备法人条件的事业单位、社会团体，依法不需要办理法人登记的，从成立之日起，具有法人资格；依法需要办理法人

登记的，经核准登记，取得法人资格。

第四节　联　营

第五十一条　企业之间或者企业、事业单位之间联营，组成新的经济实体，独立承担民事责任、具备法人条件的，经主管机关核准登记，取得法人资格。

第五十二条　企业之间或者企业、事业单位之间联营，共同经营、不具备法人条件的，由联营各方按照出资比例或者协议的约定，以各自所有的或者经营管理的财产承担民事责任。依照法律的规定或者协议的约定负连带责任的，承担连带责任。

第五十三条　企业之间或者企业、事业单位之间联营，按照合同的约定各自独立经营的，它的权利和义务由合同约定，各自承担民事责任。

第四章　民事法律行为和代理

第一节　民事法律行为

第五十四条　民事法律行为是公民或者法人设立、变更、终止民事权利和民事义务的合法行为。

第五十五条　民事法律行为应当具备下列条件：

（一）行为人具有相应的民事行为能力；

（二）意思表示真实；

（三）不违反法律或者社会公共利益。

第五十六条　民事法律行为可以采取书面形式、口头形式或者其他形式。法律规定用特定形式的，应当依照法律规定。

第五十七条 民事法律行为从成立时起具有法律约束力。行为人非依法律规定或者取得对方同意，不得擅自变更或者解除。

第五十八条 下列民事行为无效：

（一）无民事行为能力人实施的；

（二）限制民事行为能力人依法不能独立实施的；

（三）一方以欺诈、胁迫的手段或者乘人之危，使对方在违背真实意思的情况下所为的；

（四）恶意串通，损害国家、集体或者第三人利益的；

（五）违反法律或者社会公共利益的；

（六）经济合同违反国家指令性计划的；

（七）以合法形式掩盖非法目的的。

无效的民事行为，从行为开始起就没有法律约束力。

第五十九条 下列民事行为，一方有权请求人民法院或者仲裁机关予以变更或者撤销：

（一）行为人对行为内容有重大误解的；

（二）显失公平的。

被撤销的民事行为从行为开始起无效。

第六十条 民事行为部分无效，不影响其他部分的效力的，其他部分仍然有效。

第六十一条 民事行为被确认为无效或者被撤销后，当事人因该行为取得的财产，应当返还给受损失的一方。有过错的一方应当赔偿对方因此所受的损失，双方都有过错的，应当各自承担相应的责任。

双方恶意串通，实施民事行为损害国家的、集体的或者第三人的利益的，应当追缴双方取得的财产，收归国家、集体所有或者返还第三人。

第六十二条 民事法律行为可以附条件，附条件的民事法律行为在符合所附条件时生效。

第二节 代 理

第六十三条 公民、法人可以通过代理人实施民事法律行为。

代理人在代理权限内，以被代理人的名义实施民事法律行为。被代理人对代理人的代理行为，承担民事责任。

依照法律规定或者按照双方当事人约定，应当由本人实施的民事法律行为，不得代理。

第六十四条 代理包括委托代理、法定代理和指定代理。

委托代理按照被代理人的委托行使代理权，法定代理人依照法律的规定行使代理权，指定代理人按照人民法院或者指定单位的指定行使代理权。

第六十五条 民事法律行为的委托代理，可以用书面形式，也可以用口头形式。法律规定用书面形式的，应当用书面形式。

书面委托代理的授权委托书应当载明代理人的姓名或者名称、代理事项、权限和期间，并由委托人签名或者盖章。

委托书授权不明的，被代理人应当向第三人承担民事责任，代理人负连带责任。

第六十六条 没有代理权、超越代理权或者代理权终止后的行为，只有经过被代理人的追认，被代理人才承担民事责任。未经追认的行为，由行为人承担民事责任。本人知道他人以本人名义实施民事行为而不作否认表示的，视为同意。

代理人不履行职责而给被代理人造成损害的，应当承担民事责任。

代理人和第三人串通，损害被代理人的利益的，由代理人和第三人负连带责任。

第三人知道行为人没有代理权、超越代理权或者代理权已终止还与行为人实施民事行为给他人造成损害的，由第三人和行为人负连带责任。

第六十七条 代理人知道被委托代理的事项违法仍然进行代理活动的，或者被代理人知道代理人的代理行为违法不表示反对的，由被代理人和代理人负连带责任。

第六十八条 委托代理人为被代理人的利益需要转托他人代理的，应当事先取得被代理人的同意。事先没有取得被代理人同意的，应当在事后及时告诉被代理人，如果被代理人不同意，由代理人对自己所转托的人的行为负民事责任，但在紧急情况下，为了保护被代理人的利益而转托他人代理的除外。

第六十九条 有下列情形之一的，委托代理终止：

（一）代理期间届满或者代理事务完成；

（二）被代理人取消委托或者代理人辞去委托；

（三）代理人死亡；

（四）代理人丧失民事行为能力；

（五）作为被代理人或者代理人的法人终止。

第七十条 有下列情形之一的，法定代理或者指定代理终止：

（一）被代理人取得或者恢复民事行为能力；

（二）被代理人或者代理人死亡；

（三）代理人丧失民事行为能力；

（四）指定代理的人民法院或者指定单位取消指定；

（五）由其他原因引起的被代理人和代理人之间的监护关系消灭。

第五章　民事权利

第一节　财产所有权和与财产所有权有关的财产权

第七十一条　财产所有权是指所有人依法对自己的财产享有占有、使用、收益和处分的权利。

第七十二条　财产所有权的取得，不得违反法律规定。

按照合同或者其他合法方式取得财产的，财产所有权从财产交付时起转移，法律另有规定或者当事人另有约定的除外。

第七十三条　国家财产属于全民所有。

国家财产神圣不可侵犯，禁止任何组织或者个人侵占、哄抢、私分、截留、破坏。

第七十四条　劳动群众集体组织的财产属于劳动群众集体所有，包括：

（一）法律规定为集体所有的土地和森林、山岭、草原、荒地、滩涂等；

（二）集体经济组织的财产；

（三）集体所有的建筑物、水库、农田水利设施和教育、科学、文化、卫生、体育等设施；

（四）集体所有的其他财产。

集体所有的土地依照法律属于村农民集体所有，由村农业生产合作社等农业集体经济组织或者村民委员会经营、管理。已经属于乡（镇）农民集体经济组织所有的，可以属于乡

（镇）农民集体所有。

集体所有的财产受法律保护，禁止任何组织或者个人侵占、哄抢、私分、破坏或者非法查封、扣押、冻结、没收。

第七十五条 公民的个人财产，包括公民的合法收入、房屋、储蓄、生活用品、文物、图书资料、林木、牲畜和法律允许公民所有的生产资料以及其他合法财产。

公民的合法财产受法律保护，禁止任何组织或者个人侵占、哄抢、破坏或者非法查封、扣押、冻结、没收。

第七十六条 公民依法享有财产继承权。

第七十七条 社会团体包括宗教团体的合法财产受法律保护。

第七十八条 财产可以由两个以上的公民、法人共有。

共有分为按份共有和共同共有。按份共有人按照各自的份额，对共有财产分享权利，分担义务。共同共有人对共有财产享有权利，承担义务。

按份共有财产的每个共有人有权要求将自己的份额分出或者转让。但在出售时，其他共有人在同等条件下，有优先购买的权利。

第七十九条 所有人不明的埋藏物、隐藏物，归国家所有。接收单位应当对上缴的单位或者个人，给予表扬或者物质奖励。

拾得遗失物、漂流物或者失散的饲养动物，应当归还失主，因此而支出的费用由失主偿还。

第八十条 国家所有的土地，可以依法由全民所有制单位使用，也可以依法确定由集体所有制单位使用，国家保护它的使用、收益的权利；使用单位有管理、保护、合理利用的义务。

公民、集体依法对集体所有的或者国家所有由集体使用的土地的承包经营权，受法律保护。承包双方的权利和义务，依照法律由承包合同规定。

土地不得买卖、出租、抵押或者以其他形式非法转让。

第八十一条 国家所有的森林、山岭、草原、荒地、滩涂、水面等自然资源，可以依法由全民所有制单位使用，也可以依法确定由集体所有制单位使用，国家保护它的使用、收益的权利；使用单位有管理、保护、合理利用的义务。

国家所有的矿藏，可以依法由全民所有制单位和集体所有制单位开采，也可以依法由公民采挖。国家保护合法的采矿权。

公民、集体依法对集体所有的或者国家所有由集体使用的森林、山岭、草原、荒地、滩涂、水面的承包经营权，受法律保护。承包双方的权利和义务，依照法律由承包合同规定。

国家所有的矿藏、水流，国家所有的和法律规定属于集体所有的林地、山岭、草原、荒地、滩涂不得买卖、出租、抵押或者以其他形式非法转让。

第八十二条 全民所有制企业对国家授予它经营管理的财产依法享有经营权，受法律保护。

第八十三条 不动产的相邻各方，应当按照有利生产、方便生活、团结互助、公平合理的精神，正确处理截水、排水、通行、通风、采光等方面的相邻关系。给相邻方造成妨碍或者损失的，应当停止侵害，排除妨碍，赔偿损失。

第二节　债　权

第八十四条　债是按照合同的约定或者依照法律的规定，在当事人之间产生的特定的权利和义务关系，享有权利的人是债权人，负有义务的人是债务人。

债权人有权要求债务人按照合同的约定或者依照法律的规定履行义务。

第八十五条　合同是当事人之间设立、变更、终止民事关系的协议。依法成立的合同，受法律保护。

第八十六条　债权人为二人以上的，按照确定的份额分享权利。债务人为二人以上的，按照确定的份额分担义务。

第八十七条　债权人或者债务人一方人数为二人以上的，依照法律的规定或者当事人的约定，享有连带权利的每个债权人，都有权要求债务人履行义务；负有连带义务的每个债务人，都负有清偿全部债务的义务，履行了义务的人，有权要求其他负有连带义务的人偿付他应当承担的份额。

第八十八条　合同的当事人应当按照合同的约定，全部履行自己的义务。

合同中有关质量、期限、地点或者价款约定不明确，按照合同有关条款内容不能确定，当事人又不能通过协商达成协议的，适用下列规定：

（一）质量要求不明确的，按照国家质量标准履行，没有国家质量标准的，按照通常标准履行。

（二）履行期限不明确的，债务人可以随时向债权人履行义务，债权人也可以随时要求债务人履行义务，但应当给对方必要的准备时间。

（三）履行地点不明确，给付货币的，在接受给付一方的所在地履行，其他标的在履行义务一方的所在地履行。

（四）价款约定不明确的，按照国家规定的价格履行；没有国家规定价格的，参照市场价格或者同类物品的价格或者同类劳务的报酬标准履行。

合同对专利申请权没有约定的，完成发明创造的当事人享有申请权。

合同对科技成果的使用权没有约定的，当事人都有使用的权利。

第八十九条 依照法律的规定或者按照当事人的约定，可以采用下列方式担保债务的履行：

（一）保证人向债权人保证债务人履行债务，债务人不履行债务的，按照约定由保证人履行或者承担连带责任；保证人履行债务后，有权向债务人追偿。

（二）债务人或者第三人可以提供一定的财产作为抵押物。债务人不履行债务的，债权人有权依照法律的规定以抵押物折价或者以变卖抵押物的价款优先得到偿还。

（三）当事人一方在法律规定的范围内可以向对方给付定金。债务人履行债务后，定金应当抵作价款或者收回。给付定金的一方不履行债务的，无权要求返还定金；接受定金的一方不履行债务的，应当双倍返还定金。

（四）按照合同约定一方占有对方的财产，对方不按照合同给付应付款项超过约定期限的，占有人有权留置该财产，依照法律的规定以留置财产折价或者以变卖该财产的价款优先得到偿还。

第九十条 合法的借贷关系受法律保护。

第九十一条 合同一方将合同的权利、义务全部或者部分转让给第三人的，应当取得合同另一方的同意，并不得牟利。依照法律规定应当由国家批准的合同，需经原批准机关批准。但是，法律另有规定或者原合同另有约定的除外。

第九十二条 没有合法根据，取得不当利益，造成他人损失的，应当将取得的不当利益返还受损失的人。

第九十三条 没有法定的或者约定的义务，为避免他人利益受损失进行管理或者服务的，有权要求受益人偿付由此而支付的必要费用。

第三节 知识产权

第九十四条 公民、法人享有著作权（版权），依法有署名、发表、出版、获得报酬等权利。

第九十五条 公民、法人依法取得的专利权受法律保护。

第九十六条 法人、个体工商户、个人合伙依法取得的商标专用权受法律保护。

第九十七条 公民对自己的发现享有发现权。发现人有权申请领取发现证书、奖金或者其他奖励。

公民对自己的发明或者其他科技成果，有权申请领取荣誉证书、奖金或者其他奖励。

第四节 人身权

第九十八条 公民享有生命健康权。

第九十九条 公民享有姓名权，有权决定、使用和依照规定改变自己的姓名，禁止他人干涉、盗用、假冒。

法人、个体工商户、个人合伙享有名称权。企业法人、个体工商户、个人合伙有权使用、依法转让自己的名称。

第一百条 公民享有肖像权，未经本人同意，不得以营利为目的使用公民的肖像。

第一百零一条 公民、法人享有名誉权，公民的人格尊严受法律保护，禁止用侮辱、诽谤等方式损害公民、法人的名誉。

第一百零二条 公民、法人享有荣誉权，禁止非法剥夺公民、法人的荣誉称号。

第一百零三条 公民享有婚姻自主权，禁止买卖、包办婚姻和其他干涉婚姻自由的行为。

第一百零四条 婚姻、家庭、老人、母亲和儿童受法律保护。

残疾人的合法权益受法律保护。

第一百零五条 妇女享有同男子平等的民事权利。

第六章　民事责任

第一节　一般规定

第一百零六条 公民、法人违反合同或者不履行其他义务的，应当承担民事责任。

公民、法人由于过错侵害国家的、集体的财产，侵害他人财产、人身的，应当承担民事责任。

没有过错，但法律规定应当承担民事责任的，应当承担民事责任。

第一百零七条 因不可抗力不能履行合同或者造成他人损害的，不承担民事责任，法律另有规定的除外。

第一百零八条 债务应当清偿。暂时无力偿还的，经债权人同意或者人民法院裁决，可以由债务人分期偿还。有能力偿还拒不偿还的，由人民法院判决强制偿还。

第一百零九条 因防止、制止国家的、集体的财产或者他人的财产、人身遭受侵害而使自己受到损害的，由侵害人承担赔偿责任，受益人也可以给予适当的补偿。

第一百一十条 对承担民事责任的公民、法人需要追究行政责任的，应当追究行政责任；构成犯罪的，对公民、法人的法定代表人应当依法追究刑事责任。

第二节 违反合同的民事责任

第一百一十一条 当事人一方不履行合同义务或者履行合同义务不符合约定条件的，另一方有权要求履行或者采取补救措施，并有权要求赔偿损失。

第一百一十二条 当事人一方违反合同的赔偿责任，应当相当于另一方因此所受到的损失。

当事人可以在合同中约定，一方违反合同时，向另一方支付一定数额的违约金；也可以在合同中约定对于违反合同而产生的损失赔偿额的计算方法。

第一百一十三条 当事人双方都违反合同的，应当分别承担各自应负的民事责任。

第一百一十四条 当事人一方因另一方违反合同受到损失的，应当及时采取措施防止损失的扩大；没有及时采取措施致使损失扩大的，无权就扩大的损失要求赔偿。

第一百一十五条 合同的变更或者解除，不影响当事人要求赔偿损失的权利。

第一百一十六条 当事人一方由于上级机关的原因，不能履行合同义务的，应当按照合同约定向另一方赔偿损失或者采取其他补救措施，再由上级机关对它因此受到的损失负责处理。

第三节 侵权的民事责任

第一百一十七条 侵占国家的、集体的财产或者他人财产的，应当返还财产，不能返还财产的，应当折价赔偿。

损坏国家的、集体的财产或者他人财产的，应当恢复原状或者折价赔偿。

受害人因此遭受其他重大损失的，侵害人并应当赔偿损失。

第一百一十八条 公民、法人的著作权（版权）、专利权、商标专用权、发现权、发明权和其他科技成果权受到剽窃、篡改、假冒等侵害的，有权要求停止侵害，消除影响，赔偿损失。

第一百一十九条 侵害公民身体造成伤害的，应当赔偿医疗费、因误工减少的收入、残废者生活补助费等费用；造成死亡的，并应当支付丧葬费、死者生前扶养的人必要的生活费等费用。

第一百二十条 公民的姓名权、肖像权、名誉权、荣誉权受到侵害的，有权要求停止侵害，恢复名誉，消除影响，赔礼道歉，并可以要求赔偿损失。

法人的名称权、名誉权、荣誉权受到侵害的，适用前款规定。

第一百二十一条 国家机关或者国家机关工作人员在执行

职务中，侵犯公民、法人的合法权益造成损害的，应当承担民事责任。

第一百二十二条 因产品质量不合格造成他人财产、人身损害的，产品制造者、销售者应当依法承担民事责任。运输者、仓储者对此负有责任的，产品制造者、销售者有权要求赔偿损失。

第一百二十三条 从事高空、高压、易燃、易爆、剧毒、放射性、高速运输工具等对周围环境有高度危险的作业造成他人损害的，应当承担民事责任；如果能够证明损害是由受害人故意造成的，不承担民事责任。

第一百二十四条 违反国家保护环境防止污染的规定，污染环境造成他人损害的，应当依法承担民事责任。

第一百二十五条 在公共场所、道旁或者通道上挖坑、修缮安装地下设施等，没有设置明显标志和采取安全措施造成他人损害的，施工人应当承担民事责任。

第一百二十六条 建筑物或者其他设施以及建筑物上的搁置物、悬挂物发生倒塌、脱落、坠落造成他人损害的，它的所有人或者管理人应当承担民事责任，但能够证明自己没有过错的除外。

第一百二十七条 饲养的动物造成他人损害的，动物饲养人或者管理人应当承担民事责任；由于受害人的过错造成损害的，动物饲养人或者管理人不承担民事责任；由于第三人的过错造成损害的，第三人应当承担民事责任。

第一百二十八条 因正当防卫造成损害的，不承担民事责任。正当防卫超过必要的限度，造成不应有的损害的，应当承担适当的民事责任。

第一百二十九条 因紧急避险造成损害的，由引起险情发生的人承担民事责任。如果危险是由自然原因引起的，紧急避险人不承担民事责任或者承担适当的民事责任。因紧急避险采取措施不当或者超过必要的限度，造成不应有的损害的，紧急避险人应当承担适当的民事责任。

第一百三十条 二人以上共同侵权造成他人损害的，应当承担连带责任。

第一百三十一条 受害人对于损害的发生也有过错的，可以减轻侵害人的民事责任。

第一百三十二条 当事人对造成损害都没有过错的，可以根据实际情况，由当事人分担民事责任。

第一百三十三条 无民事行为能力人、限制民事行为能力人造成他人损害的，由监护人承担民事责任。监护人尽了监护责任的，可以适当减轻他的民事责任。

有财产的无民事行为能力人、限制民事行为能力人造成他人损害的，从本人财产中支付赔偿费用。不足部分，由监护人适当赔偿，但单位担任监护人的除外。

第四节　承担民事责任的方式

第一百三十四条 承担民事责任的方式主要有：

（一）停止侵害；

（二）排除妨碍；

（三）消除危险；

（四）返还财产；

（五）恢复原状；

（六）修理、重作、更换；

（七）赔偿损失；

（八）支付违约金；

（九）消除影响、恢复名誉；

（十）赔礼道歉。

以上承担民事责任的方式，可以单独适用，也可以合并适用。

人民法院审理民事案件，除适用上述规定外，还可以予以训诫、责令具结悔过、收缴进行非法活动的财物和非法所得，并可以依照法律规定处以罚款、拘留。

第七章　诉讼时效

第一百三十五条　向人民法院请求保护民事权利的诉讼时效期间为两年，法律另有规定的除外。

第一百三十六条　下列的诉讼时效期间为一年：

（一）身体受到伤害要求赔偿的；

（二）出售质量不合格的商品未声明的；

（三）延付或者拒付租金的；

（四）寄存财物被丢失或者损毁的。

第一百三十七条　诉讼时效期间从知道或者应当知道权利被侵害时起计算。但是，从权利被侵害之日起超过二十年的，人民法院不予保护。有特殊情况的，人民法院可以延长诉讼时效期间。

第一百三十八条　超过诉讼时效期间，当事人自愿履行的，不受诉讼时效限制。

第一百三十九条　在诉讼时效期间的最后六个月内，因不可抗力或者其他障碍不能行使请求权的，诉讼时效中止。从中止时效的原因消除之日起，诉讼时效期间继续计算。

第一百四十条 诉讼时效因提起诉讼、当事人一方提出要求或者同意履行义务而中断。从中断时起，诉讼时效期间重新计算。

第一百四十一条 法律对诉讼时效另有规定的，依照法律规定。

第八章 涉外民事关系的法律适用

第一百四十二条 涉外民事关系的法律适用，依照本章的规定确定。

中华人民共和国缔结或者参加的国际条约同中华人民共和国的民事法律有不同规定的，适用国际条约的规定，但中华人民共和国声明保留的条款除外。

中华人民共和国法律和中华人民共和国缔结或者参加的国际条约没有规定的，可以适用国际惯例。

第一百四十三条 中华人民共和国公民定居国外的，他的民事行为能力可以适用定居国法律。

第一百四十四条 不动产的所有权，适用不动产所在地法律。

第一百四十五条 涉外合同的当事人可以选择处理合同争议所适用的法律，法律另有规定的除外。

涉外合同的当事人没有选择的，适用与合同有最密切联系的国家的法律。

第一百四十六条 侵权行为的损害赔偿，适用侵权行为地法律。当事人双方国籍相同或者在同一国家有住所的，也可以适用当事人本国法律或者住所地法律。

中华人民共和国法律不认为在中华人民共和国领域外发生的行为是侵权行为的，不作为侵权行为处理。

第一百四十七条 中华人民共和国公民和外国人结婚适用婚姻缔结地法律，离婚适用受理案件的法院所在地法律。

第一百四十八条 扶养适用与被扶养人有最密切联系的国家的法律。

第一百四十九条 遗产的法定继承，动产适用被继承人死亡时住所地法律，不动产适用不动产所在地法律。

第一百五十条 依照本章规定适用外国法律或者国际惯例的，不得违背中华人民共和国的社会公共利益。

第九章 附 则

第一百五十一条 民族自治地方的人民代表大会可以根据本法规定的原则，结合当地民族的特点，制定变通的或者补充的单行条例或者规定。自治区人民代表大会制定的，依照法律规定报全国人民代表大会常务委员会批准或者备案；自治州、自治县人民代表大会制定的，报省、自治区人民代表大会常务委员会批准。

第一百五十二条 本法生效以前，经省、自治区、直辖市以上主管机关批准开办的全民所有制企业，已经向工商行政管理机关登记的，可以不再办理法人登记，即具有法人资格。

第一百五十三条 本法所称的“不可抗力”，是指不能预见、不能避免并不能克服的客观情况。

第一百五十四条 民法所称的期间按照公历年、月、日、小时计算。

规定按照小时计算期间的，从规定时开始计算。规定按照日、月、年计算期间的，开始的当天不算入，从下一天开始计算。

期间的最后一天是星期日或者其他法定休假日的，以休假日的次日为期间的最后一天。

期间的最后一天的截止时间为二十四点。有业务时间的，到停止业务活动的时间截止。

第一百五十五条 民法所称的“以上”、“以下”、“以内”、“届满”，包括本数；所称的“不满”、“以外”，不包括本数。

第一百五十六条 本法自1987年1月1日起施行。

《中华人民共和国反不正当竞争法》条款摘录

第五条 经营者不得采用下列不正当手段从事市场交易，损害竞争对手：

（一）假冒他人的注册商标；

（二）擅自使用知名商品特有的名称、包装、装潢，或者使用与知名商品近似的名称、包装、装潢，造成和他人的知名商品相混淆，使购买者误认为是该知名商品；

（三）擅自使用他人的企业名称或者姓名，引人误认为是他人的商品；

（四）在商品上伪造或者冒用认证标志、名优标志等质量标志，伪造产地，对商品质量作引人误解的虚假表示。

《中华人民共和国商标法》（2013年修正）条款摘录

第八条 任何能够将自然人、法人或者其他组织的商品与他人的商品区别开的标志，包括文字、图形、字母、数字、三维标志、颜色组合和声音等，以及上述要素的组合，均可以作为商标申请注册。

第九条 申请注册的商标，应当有显著特征，便于识别，并不得与他人在先取得的合法权利相冲突。

第三十二条 申请商标注册不得损害他人现有的在先权利，也不得以不正当手段抢先注册他人已经使用并有一定影响的商标。

第四十五条 已经注册的商标，违反本法第十三条第二款和第三款、第十五条、第十六条第一款、第三十条、第三十一条、第三十二条规定的，自商标注册之日起五年内，在先权利人或者利害关系人可以请求商标评审委员会宣告该注册商标无效。对恶意注册的，驰名商标所有人不受五年的时间限制。